경호 안전론

Protection Security

조성구 저

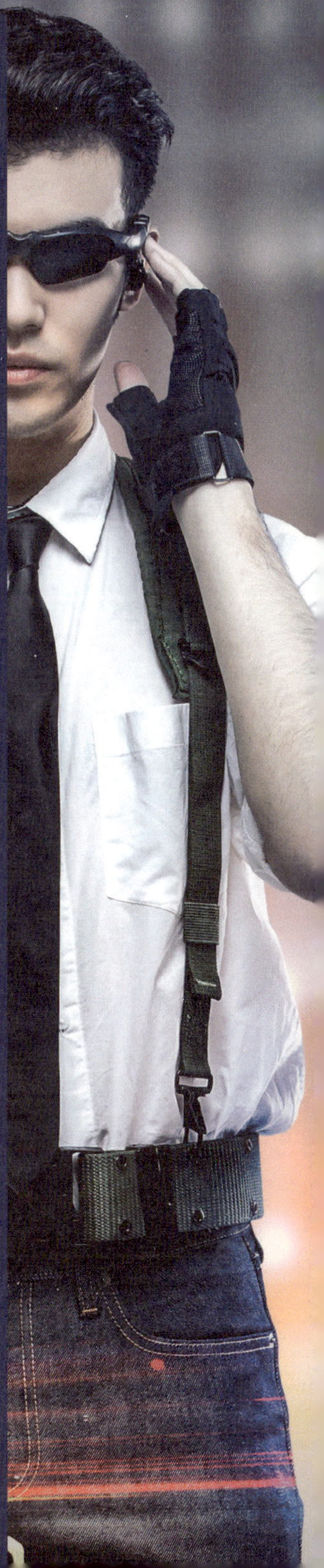

도서출판
진영사

경호안전론

조성구

2019년 08월 27일 초판 인쇄
2019년 08월 30일 초판 발행
발행인 박 진 영
발행처 도서출판 진영사
인천광역시 부평구 갈산동 185번지 풍진빌딩 303호
전화 : 032)505-4207
팩스 : 032)505-4206
E-mail : 0183734207@hanmail.net
등록 : 122-91-77317

ISBN 978-89-6541-450-6 93350
값 20,000원

머 리 말

과거부터 한반도는 주변강대국과 인접하고 있는 지리적 특성으로 조선시대(1392-1897)까지는 대륙인 중국의 침략 위협이 주를 이루었고 구한말(1897-1910), 일제강점기(1910-1945)까지는 근대화에 앞선 일본의 침략으로 안보가 무너지고 주권을 빼앗기는 경험한 바 있다. 이후 일본은 미국과 태평양전쟁(1941.12-1945.9)에서 패하여 일본의 식민통치를 받고 있던 한반도와 중국 그리고 동남아시아권 국가는 해방을 맞이하였지만 한반도는 얄타 회담(Yalta Conference)의 합의에 따라 소련과 미국의 영향권에 들어가 북위 38도선을 경계로 남쪽에는 미국과 UN의 지원으로 자유민주주의 정권인 대한민국 정부가, 북쪽에는 소련의 지원 아래 공산정권인 북한이 수립되었다.

하지만 1950년 1월 미국 트루먼(Harry S. Truman)정부에서 미국의 극동방어선인으로 한국을 제외한 애치슨 라인 선언(Acheson line declaration)을 발표하고 주한미군이 철수하자 북한은 공산화를 목적으로 한국을 침략하였으며, 중국은 인민해방군 약 30만명을 북한에 지원하여 한국의 통일 기회를 막았다.

여기서 중요한 핵심은 이 전쟁을 기점으로 긴 세월 일본 제국주의 침략에 항일 투쟁으로 함께 힘을 모았던 중국은 적국이 된 반면 미국을 비롯한 UN군은 대구·부산지역을 제외하고 전 국토가 북한공산군에 점령당한 최악의 안보위기에서 자유민주주의 수호를 위해 기꺼이 남의 나라전쟁에 참가하여 자국의 젊은 장병의 희생을 무릅쓴 미국은 피를 나눈 동맹국이 되었다는 것이다. 또 이와같은 공산진영의 침략의 전쟁억지를 목적으로 주한미군과 UN군이 주둔하게 되었다는 점이다.

한국에게 있어서 주적의 대상은 (1)조선왕조 500년간 조선을 조공국으로 삼았던 중국 (2)제국주의 침략과 식민지배의 일본 (3)6.25 침략전쟁을 일으킨 북한과 이를 지원한 중국으로 국익의 관계에 따라 바뀌어 왔다는 것이며, 이러한 주적의 개념은 앞으로도 현실적인 기준으로 바뀌게 될 것이란 것이다.

그런데 동북아시아권 국제안보관계에서 주목할 점은 미국과 일본의 관계이다. 양국은 태평양전쟁(1941-1945)을 치렀으며 아직까지 그 희생자의 가족이 생존하지만 서로의 이해관계는 또 다른 동맹관계 형성하게 되었다는 점이다. 한국 또한 북한과의 전쟁이라는 위협은 한미동맹이라는 확실한 안보의 틀에서 미국의 동북아시아 최대의 동맹국인 일본과의 군사적 동맹을 맺고 있는 것도 지금의 안보환경에서 북한과 중국의 위협에 대응하는 이해관계에 따른 전략적 선택으로 일본과의 군사훈련은 전시 연합군사작전에서 절실히 요구되고 있다는 점을 냉정하게 인지 할 필요가 있다.

위의 내용과 같이 이 책은 저자의 학위논문, 연구논문, 단행본, 학술대회자료집 등의 학술자료를 토대로 엮어서 저술한 것임을 미리 밝혀두며, 이 책의 발간으로 경호안전학 발전에 이바지하였으면 하는 바람이다.

2019년 8월 23일

저자 조성구 씀

목 차

제1장 경호학의 개요

제2장 경호의 분류

제3장 경호의 원칙

제4장 경호의 법제

제5장 경호의 환경

제6장 경호의 기법

제7장 경호조직

제8장 경호와 심리

제9장 보안장비 개발

부 록 관계 법령

Chapter 01 경호학의 개요

1 인류의 전쟁, 테러, 요인암살의 시작은?

경호의 태동은 고대사회 사나운 짐승 또는 자연적 재해로부터 안전하게 살아가고자 하는 욕구에서 출발되었다고 볼 수 있으며, 이것은 사람에 의한 공격이 아닌 자연적 위협으로부터의 예방적 활동이었던 것이었다. 그러나 인류는 점차 씨족·부족을 이룸에 따라 무리의 지도자가 생기게 되고 이들에 대한 안전은 자연적 재해를 넘어 전쟁, 암살과 같은 위협으로 확대되어 왔다.

1. 인류는 신석기시대 도구를 개발
2. 벼농사를 시작하며 씨족, 부족 사회 형성
3. 씨족, 부족사회의 형성과 지도자 탄생
4. 인접 부족과 전쟁을 치루며 테러, 요인암살이 발생
5. 따라서 경호와 방첩도 발달

이처럼 경호는 인간이 사회생활을 시작하면서부터 형성된 것이나 원시사회 이후 근대이전까지는 군, 경찰의 기능과 명확히 구별되어 발달되지 못하여 수행되어 왔다.[1)]

1) 경찰의 개념 발달
① 고대그리스: 경찰은 도시국가(Polis)의 모든 활동으로 헌법 그 자체를 의미하였다.

그렇다면 전쟁(War)이란 무엇인가? 클라우제비츠(Carl von Clausewitz)에 따르면 다음과 같이 정의할 수 있다.

"전쟁이란 상대의 저항능력을 없애고 우리의 뜻을 무력으로 강요하는 정치의 연속이다."

전쟁과 경호의 특수성에 대한 이해가 필요하다. 전쟁에서는 적국의 피해 정도로 승패를 좌우된다고 하지만 경호대상자의 암살은 전쟁의 전세를 가늠하는 비대칭 전략으로 작용하기 때문이다.

우리나라에서는 경호라는 용어가 처음 사용되고 경호임무를 수행하는 전문적인 경호기관이 대두되기 시작한 것은 제3공화국의 출범으로 보고 있다.[2)] 이전에도 국가요인에 대한 신변안전기관은 존재하였으나 전문적인 경호조직

---

② 중세시대: 1530년 독일 「제국경찰법」에서 최초 경찰의 개념이 '공동체의 양호한 질저의 상태'로 명시됨 당시 경찰은 교회행정을 제외한 국가작용 전반을 의미하였다.

③ 경찰국가시대: 절대군주제를 바탕으로 중상주의적 경제정책을 추진하던 시대적 상황에 맞추어 소극적 질서유지 뿐만 아니라 적극적 복리증진 기능까지도 경찰에 포함되어 외교, 군사, 재정, 사법 등 특수행정분야를 제외한 전 행정에 대한여행사하는 국가권력이 포함됨 경찰은 국가목적 실현을 위한 함목적적인 국가활동으로 정의되었다. 한편 슈타인적 경찰의 개념을 헌정과 행정으로 분리시켰으며, 행정은 개인의 향상을 추구하는 국가활동 수단으로 정책의 집행을 헌정은 국가의사결정에 참여하는 국가적 권리 또는 정책결정단계를 의미한다.

④ 근대법치국가: 19세기 이후 자유민주시대의 경찰의 개념은 자유주의적 자연법사상에 토대를 둔 것으로 공공의 안녕과 질서유지를 위한 군력적 작용에 한정되었다.

⑤ 현대사회: 사회질서의 유지와 생명과 재산의 보호를 근간으로 범죄방지, 범죄행동자의 체포와 수사, 도난 및 유실물의 회복, 병약자 조력, 범죄법규의 집행, 지역사회를 위한 공공서비스 등이다.

2) 5 · 16 혁명으로 당시 2군사령부 부사령관이었던 박정희 육군소장이 국가재건최고회의 의장에 오르자 최초로 중앙정보부에서 경호를 수행하다 제3공화국 출범과 함께 대통령 전담경호부서인 대통령경호실이 탄생하게 되었다.

에 의한 것이라기보다는 국가치안기관에 의해 부수적으로 경호임무를 부여하여 경호임무를 수행해 왔다.

서방에서는 절대왕정시대 군주가 절대적 권력으로 국가를 지배함으로써 이에 반하는 자들에 대한 신변의 위협이 증가되는 결과를 초래하였고 이것은 군주의 경호를 더욱 활발하게 하는 계기가 되었으며, 17세기에 계몽주의의 성행으로 국민들의 의식이 높아져 절대적으로 군림하던 왕권체제를 무너트리려는 혁명이 프랑스 등에서 일어나게 되었고, 지금의 자유민주주의 또한 이 시점을 기준으로 탄생하게 된 것이다. 이때 프랑스 파리혁명 과정에서 테러리즘의 개념이 생성되었다.[3)]

그런데 인간의 이러한 전쟁과 테러, 암살과 경호와 방첩의 발달은 매슬로의 욕구단계설(Maslow's Hierarchy of Needs)와 같은 심리학적 이론에서 안전의 욕구를 찾아볼 수 있는데 이것은 인간이 안전하게 살아가고자 하는 가장 기본적 욕구에 기반한 것이다.[4)]

---

3) 현재 중국, 북한, 라오스, 베트남, 쿠바를 제외하고는 세계 각국에서는 대통령제와 의회민주주의를 따르고 있다.

4) 매슬로의 욕구단계설(Maslow's Hierarchy of Needs)
   ① 생리적 욕구(Physiological Needs): 인간에게 있어 가장 기본이라 할 수 있는 생리적 욕구
   ② 안전의 욕구(Safety Needs): 신체적 및 심리적 위험으로부터 보호되고 안전해지기를 바라는 욕구
   ③ 사회적 욕구(Belongingness): 소속감이나 애정욕구가 지배적인 것으로 집단을 만들고 동료들로부터 받아들여지고 싶다는 욕구
   ④ 존경의 욕구(Esteem Needs): 집단 내에서 어떤 지위를 확보하려는 외적욕구
   ⑤ 자아실현의 욕구(Self-Actualization Needs): "나의 능력을 발휘하고 싶다"는 자아실현욕구

2 한반도의 전쟁, 테러, 요인암살의 전개

한반도에서는 삼면이 바다로 둘러싸인 지리적 특성으로 과거 인접하여 있는 중국과 일본의 잦은 침략과 전쟁이 있었다. 따라서 왕의 신변을 보호하기 위하여 처음에는 군사력으로 경호임무를 수행하였으나, 시간이 지남에 따라 전문성을 확보한 별도의 경호조직을 만들어 왕의 호위와 왕실의 경비를 담당하게 한 것으로 전해지고 있다.[5)]

1. 한반도에는 삼국시대부터 지금의 약 40개의 경호기관이 존재한 것으로 추정
2. 초기에는 별도의 경호기관이 아닌 군(軍)에서 경호의 역할을 수행
3. 군사와 치안의 기능이 혼용
4. 시간의 흐름에 따라 독립된 기관으로 분리

5) 한반도 경호조직

① 고구려시대: 귀족들의 수호기관인 대모달과 궁성을 경비하는 말객이 있었으며, 도방(都房)은 고려 중기의 무신정권 집권자였던 경대승이 최초 조직한 개인 경호부대라는 측면에서 최초의 민간경비 성격 갖는다. 삼별초(三別抄)는 몽고 침략기에 그에 대항하던 고려의 무장 세력으로 최초의 특수부대 성격이었다.

② 백제시대: 5부(2,500)를 편성하여 각 500명씩 교대로 왕성을 경비하고 도성을 수비가 이루어졌다.

③ 신라시대: 궁성의 숙위(경비)와 왕실세력이 행차 시 호종(수행)하는 시위부가 대표적이다.

④ 고려시대: 태조 왕건의 친위군인 중앙군, 무신집권기 왕의 신변보호 · 적의 밀 탐지 및 반대세력 숙청의 임무를 맡았던 도방, 고려 말 궁성을 경비하기 위한 특수부대로 구성된 성중애마가 대표적이다.

⑤ 조선시대: 조선 초기에 궁성을 경비하던 갑사, 상당한 무술을 갖춘 정예부대로 왕을 가장 근접에서 호위하던 내금위, 조선 후기의 왕의 호위만 전담하였던 장용위가 있었고 노비를 추적한다고 해서 추노라고 알려진 것과 달리 도망간 노비들을 본래 주인에게 돌려주는 추쇄(推刷)를 한다고 해서 추노(推奴) 이는 최초의 탐정의 성격을 갖는다.

⑥ 구한말시대 : 을미사변 이후 왕성 수호를 위한 친위군, 갑오경장 이후 경호임무를 담당하는 경찰기구인 경위원(후에 황궁경위국→황궁경찰서로변경)이 있었다.

1945년 8월 15일 해방 이후 급변하는 세계정세는 미국을 중심으로 한 자본주의와 소련을 중심으로 한 공산주의로 구분되기 시작하였다. 제2차 세계대전 이후 승전국이었던 미국과 소련의 이념갈등에 따른 갈등은 냉전(Cold War)을 불러왔으며 자유진영과 공산진영의 지리적인 교착점인 한반도는 완충국(Buffer State)으로 테러와 같은 사건이 끊임없이 발생하여 왔다.[6)]

"완충국(Buffer State) 완충지대 'Buffer Zone'이라고도 불리며, 이는 강대국들 사이에 위치하여 강대국들이 직접 국경을 접함으로써 일어나게 될 긴장관계를 완화시켜 주는 역할을 하는 약소국을 뜻한다. 1900년도 38선은 세계적으로 유명한 러·일간의 버퍼존 이었다."

이때 대표적인 테러단체로 반공테러조직 백의사(白衣社)와 좌익테러조직 의열단(義烈團)이 있었으며, 이때 한반도를 둘러싼 주변국의 국익과 맞물려 한반도의 지도자들은 암살되는 사례가 많았으며 이러한 혼란을 거치며 지금의 우리 대한민국 정부가 수립되었다.[7)8)]

---

6) 냉전(冷戰)은 제2차 세계 대전 이후부터 1991년까지 미국과 소련을 비롯한 양측 동맹국 사이에서 갈등, 긴장, 경쟁 상태가 이어진 대립 시기를 말한다.

7) 해방정국의 무장테러단체
① 의열단의 염동진(廉東振, 1902년 2월 14일-미상)
- 독립운동가
- 1931년 3월 29살에 선린상업학교를 졸업
- 중국으로 망명
- 1935년 4월 낙양군관학교를 졸업
- 1936년 2월 산성진에서 일본 관동군에게 체포되어 고문으로 실명
- 해방정국의 비밀결사 반공단체 백의사 총사령관
- 1950년 6.25전쟁 발발 피난거절 서울에 남아 있다가 북한군에게 체포 이후 생사여부 미상
② 백의사의 김원봉(金元鳳, 1898년 9월 28일-1958년)
- 독립운동가

한반도에서 발생한 암살테러를 살펴보면 정치와 매우 밀접한 상관관계 이었다는 사실을 알 수 있다. 그런데 이러한 암살테러와 정치의 관계는 이전의 구한말(舊韓末) 시기에도 두드려지게 발생하였다.[9)]

당시 한반도에서는 청일전쟁이 발생하였는데 이때 조선의 국내 정치의 혼란은 극심하였고 이러한 가운데 외교정책의 실패는 을미사변(乙未事變)을 불러왔다.[10)11)12)]

- 1919년 아나키즘(무정부주의)단체 의열단(義烈團)을 조직
- 황푸군관학교를 거쳐 조선의용대를 조직
- 1944년 임시정부 군무부장에 선출
- 1946년 조선공산당의 적색테러 단체인 조선민주청년동맹(조선민청)의 명예회장
- 1948년 김구와 함께 남북협상에 뒤에 월북
- 북한 최고인민회의 상임위원회 부위원장 역임
- 1954년 1월 25일 대한민국의 경제 혼란 및 선거 방해 목적으로 남파된 간첩단의 배후로 지목
- 1958년 김일성과의 정치암투에 패배하여 숙청

8) 한반도 정권수립과정

① 1945년 8월 15일 2차 대전에서 미국이 일본에 핵무기 사용으로 일본이 연합국에 항복하며 일본에 식민지였던 한반도를 비롯한 중국, 동남아시아 전역은 해방을 맞이하게 된다.

② 하지만 얄타회담을 통해 소련군이 38도선 이북에서 1948년 9월 9일 북한정권 수립 전까지, 미군이 38도선 이남에서는 미군이 1948년 8월 15일 대한민국 정부 수립 전까지 통치하게 된다.

③ 1946년 2월 8일 김일성을 위원장으로 하는 북조선임시인민위원회가 구성 한다.

④ 1947년 유엔에서 제안한 한반도 총선 실시를 북한은 거부 한다.

⑤ 1948년 남한만의 총선으로 제헌국회와 초대 대통령을 선출하고 1948년 8월 15일 대한민국 정부가 수립되고 이어 북한은 김일성을 중심으로 9월 9일 북한정권 수립한다.

9) 구한말(舊韓末)은 을미사변이후 고종이 경복궁을 떠나 러시아공사관으로 피신한 후 경복궁이 아닌 덕수궁으로 돌아와 국호를 조선에서 대한제국으로 변경한 시점부터 1910년 한일병합까지의 시기를 의미한다.

10) 청일 전쟁(First Sino-Japanese War)은 1894년 8월부터 1895년 4월까지 청나라와 일본이 조선의 지배권을 놓고 벌인 전쟁이다. 전통적으로 조선의 동맹국이 일본에 패배하면서 힘의 균형이 바뀌게 되는 사건이다.

텐진조약(天津條約)을 근거로 일본군은 최초의 방어선을 교전 없이 상륙하였고 1000여명이 경복궁을 습격하여 조선군 경비 병력과 교전하였다. 당시 기관총 등 중화기로 무장한 조선군은 상당한 화력을 가지고 있었음에도 일본군이 고종의 신병(身柄)을 확보하자 고종은 조선군에 항복 명령을 함에 따라 일본군에 항복하게 되고 조선의 내정개혁안 요구와 친일내각 수립된다. 이후 고종은 공식적으로 중앙군에게 일본군과 연합해 청나라군과 싸우도록 명령하지만 비공식적으로 지방군에게는 청나라군과 연합해 한양으로 진격해 궁궐의 일본군과 싸우라는 명령을 하여 조선 백성의 피해는 가중되었다.

결국 일본이 랴오둥반도(遼東半島)를 청나라에 반환하는 시점에 친러정책을 펼치던 명성황후는 암살되고 고종은 아관파천(俄館播遷) 이후 친러외교로 친일내각을 무력화를 시도하지만 러일전쟁(1904년 2월-1905년 9월)에서 일본이 승리하여 조선에 대한 주도권에 관하여 국제사회에서 승인 받게 된다. 결국 이렇게 조선의 백성은 나라를 잃게 된다.[13)14)]

이와 같이 한반도에서 전쟁, 암살, 테러는 정치적 상황과 밀접한 관계를 두

11) 당시의 조선의 중앙군 장위영(壯衛營)은 일본군과 연합해 청나라군과 전투를 하였지만 평양감사가 이끌던 지방군 위수병(偉戍兵)은 청나라군과 연합해 일본군과 싸웠다고 하며, 전라도 지역의 지방군은 동학군과 연합해 일본군과 전투를 위해 북상하고 있었으며, 이들을 방어한 것은 일본군과 연합한 조선의 중앙군이었다고 전한다.

12) 조선의 청나라의 파병 요청과정
① 1894년 2월 동학농민군이 봉기해 죽창을 들고 북상
② 중앙에서 파견한 관군이 패배하기 시작
③ 고종은 청나라에 파병을 요청, 대신들은 「텐진조약」을 근거로 모두 반대
④ (그러나) 고종은 전주가 동학농민군에 함락된 이후 청나라에 파병 요청
⑤ 당시 집권세력은 고종과 명성황후 그리고 민씨외척

13) 1907년 고종은 네덜란드 헤이그에서 러시아의 니콜라이 2세가 소집하는 제2회 만국 평화회의에 특사를 파견하여 을사늑약이 대한제국 황제의 뜻에 반하여 일본제국의 강압으로 이루어진 것임을 폭로하고 을사늑약을 파기 하고자하였지만 실패하고 만다.

14) 러일전쟁(Russo-Japanese War)은 1904년 2월부터 1905년 9월까지 러시아제국과 일본이 한반도 주도권을 목적의 전쟁 이였으며 1902년 일본은 영국과의 동맹을 통해 일본이 승리하게 된다.

고 있다는 것이다.

이후 1909년 10월 26일 일본의 내각총리대신 이토 히로부미(伊藤博文)가 러시아 재무상 블라디미르 코콥초프(Vladimir Kokovtsov)와 회담을 위해 만주에 온다는 첩보를 입수하여 중국 하얼빈에서 안중근 의사에 의한 이토 히로부미 암살사건이 발생한다.[15)]

이토 히로부미 암살 현장

15) 안중근과 이토 히로부미
① 안중근(An Jung-geun)
- 1879년 9월 2일 출생
- 1907년 이전에는 교육운동과 국채보상운동
- 1907년 러시아제국에서 의병활동
- 1909년 초대조선통감이었던 이토 히로부미 조선침략의 원흉으로 지목하여 하얼빈에서 저격

② 이토 히로부미(Ito Hirobumi)
- 1841년 10월 14일 출생
- 영국유학 이후 서양문물을 받아들여 일본의 근대화 주도
- 1875년 운용호 사건 주도
- 1905년 을사늑약을 강요해 조선을 일본의 보호국으로 전락시키고 초대 통감으로 부임하여 대한제국을 일본에 합병시키는 일을 추진

1909년 10월 26일 이토 히로부미가 러시아제국의 재무상 블라디미르 코콥초프(Vladimir Kokovtsov)와 회담을 위해 만주에 온다는 첩보 입수하고 안중근은 암살팀 구성한다. 당시 정확한 장소를 알 수 없었기 때문에 우덕순과 조도선은 차이쟈거우역, 안중근은 하얼빈역에서 암살을 준비한다.

하지만 원태우 열차암살시도 이후 이토 히로부미의의 사진에 관한 보안 검열 강화되어 당시 안중근은 이토 히로부미가 얼굴에 큰 점이 있다는 사실만 인지 한 상황이였으나 현장에서 어떤 일본인 환영객이 이토 히로부미의 이름을 불러 뒤를 돌아보는 이토 히로부미를 확인할 수 있었고 권총으로 총7발을 발사하였으며 이토 히로부미는 일본헌병이 아닌 러시아제국의 재무장관이 쓰러진 이토 히로부미를 부축하여 다시 열차안으로 대피하지만 저격 30분 뒤인 오전 10시경에 사망한다.[16)]

그 이후 1910년 데라우치 마사타케(寺內正毅)가 조선총독으로 취임하여 헌병경찰통지를 시작하며 경호, 경비를 강화하였다.

테러와 정치의 관계에 대해서 세즈레(Sagre), 알더(Alder)는 식민통치 받는 국가가 제국주의에 대한 투쟁은 무엇이든 정당화되는 경향이 있으며, 이러한 테러리즘이 국민의 동정을 받는 경우가 흔히 있다고 주장하였다. 이러한 이론에 따른 암살의 전개과정은 다음과 같다.

---

16) 안중근의 권총 7발
① 1탄 이토 히로부미 오른팔 윗부분을 관통하고 흉부
② 2탄 이토 히로부미 오른쪽 팔꿈치를 관통해 흉복부
③ 3탄 이토 히로부미 갈비뼈 아래로 들어가 허리
④ 4탄 일본 총영사 가와카미 팔꿈치
⑤ 5탄 이토의 수행비서 모리 복부
⑥ 6탄 만주철도 이사 다나카 왼쪽 무릎
⑦ 7탄 만주철도 이사 나카무라의 오른쪽 장딴지

1. 암살대상이 어떤 상황에 대하여 책임이 있으며
2. 암살대상이 제거된다면
3. 그 와 같은 상황이 존재하지 않을 것이라고 느끼는 심리적 동기에서 시작
4. 이러한 동기가 확실해지면 암살수행의 절차를 모색하여 실행된다.

해방이후에는 사상과 이념을 목적으로 수많은 암살 사례가 존재하였는데, 1949년 김구는 집무실인 경교장에서 육군소위 안두희에게 암살된 사건이다.

또 1945년 한반도는 일본으로 부터 해방되었지만 소련군이 북한에 주둔을 시작 하자 백의사는 반공테러 작전을 전개하기 시작하였는데 그 중에서도 북한 김일성은 백의사의 주요암살 대상이었다.

김일성 암살시도 현장

하지만 1950년 1월 12일 미국은 이미 한반도가 공산화 되었다는 판단으로 미국의 극동방어선에서 남한과 대만을 제외하고 일본까지를 포함한 애치슨

라인 선언(Acheson Line Declaration)을 선언하고 남한에서 철수해버리자 1950년 6월 25일 북한의 남침으로 한국(6.25)전쟁 시작되었다.[17)]

애치슨 라인

그 이후 전면전은 아니지만 남한에서는 테러가 발생하기 시작하였으며, 1974년 광복절 기념행사에서 북한의 지령을 받은 문세광(文世光)에 의해 영부인 육영수가 암살당하는 암살테러 사건과 같이 북한에 의한 크고 작은 위협은 계속되었다.

17) 1950년 1월 12일에 미국의 국무장관 딘 애치슨(1893-1971)이 선언한 미국의 극동방위선이며, 소련과 중국의 위협에 대한 미국의 극동방위선이다. 여기서 그는 태평양에서 미국의 극동방위선을 알류샨 열도-일본-오키나와-필리핀을 연결하는 것으로 대한민국과 대만은 제외되었다.

육영수여사 암살 현장

이 사례에서 경호실패의 원인으로 문세광이 재일교포이었던 점으로 출입통제 시스템의 미비가 근본적인 원인으로 지적되어 왔지만 실질적으로 암살의 원인을 살펴보면 정치적 배경을 주목할 필요가 있다.

당시 미국의 지미카터(Jimmy Carter)대통령은 닉슨 독트린(Nixon Doctrine) 선언으로 주한미군을 철수하겠다는 의사를 전달하였고 하였고 우리나라는 1950년 1월 애치슨라인 선언으로 주한미군 철수로 한국(6.25)전쟁이 발생하였다. 따라서 박정희 정부는 전쟁을 억지하기 위한 자주국방노선으로 자체적인 핵개발을 진행하게 된다.

당시 한국이 먼저 핵개발을 완성하게 된다면 남북간의 군사적 균형관계가 깨어지게 되는 것이다. 일반적으로 암살테러는 이러한 군사적 균형관계가 무너지거나 무너질 것이 확실시 될 때, 혹은 국내 정치가 불안하거나 외교적으로 고립되었을 때 발생한다.

우리는 세계유일의 휴전중인 국가로 북한 독재정권은 대남무력적화통일의 전쟁의 기회를 엿보고 있으며, 핵무기 개발과 같은 대량살상무기 개발로 우리를 위협하고 있다.

북한은 우리나라의 경제발전과 외교력의 증대를 불안하게 생각하고 있으며 따라서 우리의 정치에 개입을 시도하고 있다.

3 경호란 무엇인가?

경호의 개념은 그 주체에 따라 구분하여 정의하고 있는데, 먼저 「대통령 등의 경호에 관한 법률」 제2조에 따르면 경호의 개념을 "경호대상자의 생명과 재산을 보호하기 위하여 신체에 가하여지는 위해를 방지하거나 제거하고, 특정 지역을 경계·순찰 및 방비하는 등의 모든 안전활동"으로 정의하고 있다.

또 경찰청 「경호규칙」에서는 경호의 개념을 "경호대상자의 신변을 각종 위해로부터 방지하는 경찰활동으로써 경호대상자가 통과하는 연도와 숙박 장소, 열차, 선박, 항공기 등 필요하다고 인정되는 장소를 경계하여 안전을 기함을 목적으로 하는 경비활동"으로 정의하고 있다.

반면 민간경비업의 근거인 「경비업법」 제2조에 따르면 경호(신변보호업무)의 정의를 "사람의 생명이나 신체에 대한 위해의 발생을 방지하고 그 신변을 보호하는 업무"로 정의하고 있다.

> "실제적이고 주도면밀한 범행의 성공기회를 최소화시키는 작용"
>
> 미국 비밀경호국(U.S. Secret Service)
>
> "신변에 위해가 있을 경우 국가 공공 안녕질서에 영향을 줄 우려가 있는 자에 대하여 그 신변의 안전을 확보하기 위한 경찰활동"
>
> 일본 경호경찰(Japan Security Police)

이와 같이 경호의 개념은 다양하게 정의 될 수 있다. 현재 국내에서 사용되고 있는 경호에 대한 용어의 정리를 하자면 다음과 같다.

보안(Security) 인간에 의한 포괄적인 위협을 의미
안전(Safety) 인간이 아닌 자연적 혹은 스스로부터 발생된 위협을 이미

또 현재 국가를 그 주체로 하는 경호를 '공경호'라 칭하여 왔고, 민간을 주체로 하는 경호를 '민간경호'라 칭하여 왔으나 이러한 용어가 정확하게 사용되려면 두 용어의 개념이 서로 대칭을 이루어야 한다. 예를 들어 '공경호'의 반대는 '사경호'가 되어야한다.

민간경호를 '민영경호'로 사용하려면 '민영'의 대칭적 용어는 '국영'이며 이는 "국가자본의 한 형태"를 의미하고 있으므로 옳지 못하다. 용어는 그 행위주체의 본질이 가장 두드러지게 내포하고 있는가를 고려하여 선택하였는데 경호의 주체에 따라 국가경호(National security)와 민간경호(Private Security)로 구분하여야 한다.

1) 실질적 의미의 경호

실질적 의미의 경호는 경호를 실질적 입장에서 이해한 것으로 전체에서 공통적인 특성을 추상화한 것이다. 이것은 암살, 납치, 폭발, 사보타주(Sabotage) 등의 테러 및 범죄 그리고 예상치 못한 화재, 건물붕괴, 태풍, 홍수, 폭설 등의 우발상황에서 경호대상자에 대한 안전을 확보하기 위한 경호작용이다.[18)]

또 경호대상자의 신체에 직접 또는 간접으로 가해지는 위해를 미연에 방지

18) 사보타주(Sabotage)는 생산 설비 및 수송 기계의 전복, 장애, 혼란과 파괴를 통해 원수 또는 고용주를 약화시키는 것을 목적으로 하는 의도적인 행동이다.

하고 제거하여 경호대상자의 안전을 도모하는 모든 행위를 의미하는 것이며, 이는 위해요소를 사전에 발견하고 제거하여 경호대상자의 불안, 초조, 공포 등의 심리적 위협으로부터 안정을 갖게 하는 것을 포함한다.

2) 형식적 의미의 경호

형식적 의미의 경호는 경호관계법을 기준으로 설정된 개념이다. 따라서 형식적 의미의 경호는 국가 경호기관과 허가된 경비업에 이루어지는 총체적 작용을 말하는 것이다. 그러므로 형식적 의미의 경호는 곧 그 국가의 입법체계가 되는 것이다.

이처럼 형식적 의미의 경호활동의 법적 근거를 기준으로 하여 정립된 개념으로 다양한 경호기관 및 경비업체에 의하여 행하여지는 모든 작용으로 이는 경호기관과 경비업체의 권한에 속하는 일체의 경호작용을 말하며 다양한 경호의 법적 근거에 따라 이루어지는 제도상 경호를 의미하는 것이다.

1. 실질적 의미의 경호개념
- 경호의 개념을 본질적 관점에서 이해
- 경호의 주체에 관계없이 실질적 위해로부터 대상자를 보호하는 성격이면 모두 경호라고 이해

2. 형식적 의미의 경호개념
- 실정법, 제도적으로 경호기관 및 경비업체의 업무를 경호라고 이해

4 테러란 무엇인가?

1) 테러(Terror)와 범죄(Crime)의 차이점

테러리즘(Terrorism)은 1793년 프랑스혁명 기간 왕권을 무너트리는 과정에서 발생한 시민군의 공포의 군림(Reign of Terror)에서 생성된 정치적 폭력행위를 의미하는 개념으로 파생되었다. 정치적 문제로 인해 발생되는 폭력행위나 이로 인해 인간이 심적으로 느끼게 되는 두려움을 의미한다.

테러와 범죄의 차이점을 구분하자면 ① 행위의 정치적, 종교적 목적 유무, ② 범죄행위에 대한 국가 혹은 민족에 따른 상호적 평가, ③ 상징적 효과의 극대화를 목적으로 포함하고 있는지에 따라 정리할 수 있다.[19)]

한국에서 발생된 테러는 1950년 한국(6.25)전쟁 이후 거의 대부분이 북한의해 발생되어 지면서 대공(Anti-Communism)이 곧 대테러의 개념으로 자리 잡혀 왔으며, 방첩(Counter Intelligence)은 간첩활동, 납치, 암살, 테러, 태업(怠業) 행위로부터 국가를 보호하며 국내의 정보의 해외 유출방지 등을 업무를 포괄하는 개념으로 형성되었다.[20)]

---

19) 9·11 테러는 2001년 9월 11일에 미국에서 발생했던 항공기 납치 동시다발 자살 테러이다. 이로 인해 뉴욕의 110층짜리 세계무역센터(WTC) 쌍둥이 빌딩이 붕괴되고 버지니아주 알링턴 군의 미국 국방부 펜타곤이 공격받아 일부가 파괴되었다. 이 사건으로 약 2,996명의 사람이 사망하고 6천명 이상의 부상자가 발생하였다.

20) 대공은 공산주의나 공산주의자를 상대하는 것을 의미하며, 태업은 노동자들이 서로 동맹하여 의도적으로 일을 게을리 하여 작업 능률을 저하시킴으로써 기업주에게 손해를 주는 노동 쟁의 수단의 하나이며 과거 북한의 공작에 의해 태업은 활용되었으며 태업 또한 방첩활동의 하나로 다루어졌다.

2) 암살(Assassination)은 무엇인가?

암살은 어두울 암(暗), 죽일 살(殺)로 어두울 암 자가 '사람들 모르게'란 의미가 있는 것으로 영어의 암살(Assassination)은 암살자(Assassin)에서 파생되었으며, 테러행위의 하나로 정치적 동기에 의해 특정한 지위에 있는 사람을 살해하는 것을 의미한다.

이러한 암살은 정치적인 요구사항을 얻거나 전달하기 위한 행동으로 볼 수 있으며 정치적 동기에 의해 일정한 위치에 있는 사람을 살해하는 것이며 비합법적 행위이지만 국제정치의 상호주의 시각에 따라 다르게 이해되고 해석된다.

3) 테러의 발생원인

테러의 발생원인 정치적, 종교적 목적에서 행위의 원인을 찾을 수 있는데 사회경제적 구조 또한 결국 정치, 외교적 문제에서 근원을 찾을 수 있다.

경제정책의 실패는 상대적 분노, 좌절감, 성취욕 상실 등의 잠재적 위해요소를 높이며 정신분열증(Schizophrenia), 편집증(Manic - Depressive Psychosis)와 같이 테러의 심리적 동기를 제공 할 수 있다. 이러한 심리는 내부의 강력한 욕구로 증오와 분노가 발생하여 자신을 실망시킨 대상을 향하여 공격을 실행하는 이상심리이다. 또한 이러한 사회적 환경으로 그 위협은 점차 증가될 것으로 예상된다.

1. 식민통치
테러가 전체주의 사회와 같은 강력한 군사정권 하에서 성공하기 어렵고, 테러가 발생되더라도 언론에서 보도되지 않아서 국민들이 모르고 있다. 식민통치 받는 국가가 제국주의에 대한 투쟁은 무엇이든 정당화되는 경향이 있다. 심지어 테러까지도 국민의 동정을 받는 경우가 흔히 있다.

2. 사회경제
경제발전에 따른 급격한 사회발전이 테러의 원인으로 보고 있다. 이러한 과정은 상대적 위치가 나약함을 느끼게 하고 사회를 투쟁경향적(Conflict Oriented) 사회를 만들어 테러를 발생시킨다.

3. 인간심리
인간의 폭력적 행위는 좌절감에서 시작되고 좌절감은 항상 폭력적인 행위로 발전한다고 한다. 인간의 상대적 수탈감이 폭력행위를 유발한다.

4. 기술의 발달
첨단국방과학기술의 발달은 소형화된 강력한 무기를 개발하였으며, 이를 바탕으로 소수의 테러리스트가 엄청나 힘을 가게 되며, 사회의 공포분위기를 조성할 수 있는 여건이 마련되면서 테러를 발생시킨다.

4) 테러에 포함되는 심리적 공격

암살은 심리적 공격을 포함하고 있는데, 그 대표적인 사례로 냉전시기인 1983년 10월 8일 전두환 대통령은 서남아시아 태평양 지역 6 개국(인도, 스리랑카, 오스트레일리아, 뉴질랜드등) 순방의 첫 방문국인 미얀마의 수도 랑군(Rangoon)에서 국립묘지에서 암살테러가 발생한 사건이다.

여기서 중요한 것은 2017년 외교부가 공개한 외교문서에 따르면 당시 아웅산 테러 사건과 관련한 재판에 참여했던 현지 판사의 딸이 일본 유학중 의문사를 당했으며, 북한 측이 이에 관여한 정황이 있었던 것으로 확인되었다는 것이다.[21]

아웅산묘 암살테러 현장

이와 같이 테러행위에는 반드시 심리적 공격을 포함한다고 볼 수 있다. 따라서 테러와 심리의 관계에 관하여 살펴보자면 다음과 같다.

테러리즘과 범죄의 차이점은 그 정치적, 종교적 동기에 따라 구분되지만 모든 테러리즘은 그 테러행위로 인하여 발생되는 심리적 공격을 반드시 내포하고 있다.

21) 아웅산 테러 사건으로 전두환 대통령 수행원과 보도진 17명이 사망하였다. 버마는 북한 공작원 2명을 범인으로 체포해 같은 해 12월 사형을 선고하였으며 이 재판의 담당 판사의 딸이 판결 1년 반쯤 뒤 일본 유학중 사망하였는데 사망 현장에서 북한제 담배꽁초가 발견되어 배후가 북한정권임을 의심받게 되었다.

이와 같은 사례로 지난 1987년 11월 29일 대한항공 KE858편 항공기가 이라크 바그다드를 출발하여 UAE의 아부다비 국제공항을 거쳐 서울로 오기 전의 마지막 중간 기착지인 방콕 돈므앙 국제공항으로 비행중 인도양 상공에서 폭파된 사건이었다.

이는 이듬해 개최예정이던 88서울올림픽에 방문 교통수단으로 외국인 관광객이 대부분 항공기편을 이용한다는 점을 노려 항공기를 폭파함으로써 공포에서 비롯된 불안심리를 만들어 올림픽 개최를 방해하려는 목적을 포함하고 있는 것이다.[22)]

KAL 858기 항공테러 기사

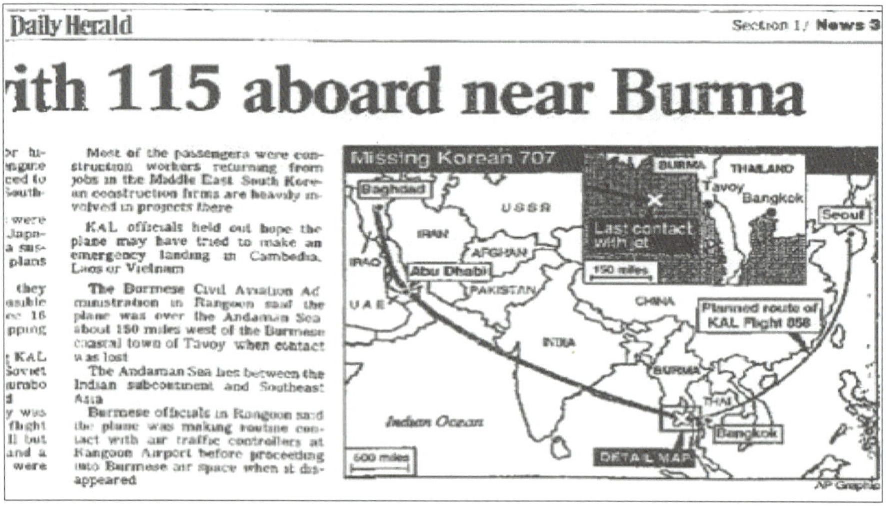

Daily Herald — Section 1 / News 3

ith 115 aboard near Burma

Most of the passengers were construction workers returning from jobs in the Middle East. South Korean construction firms are heavily involved in projects there.

KAL officials held out hope the plane may have tried to make an emergency landing in Cambodia, Laos or Vietnam.

The Burmese Civil Aviation Administration in Rangoon said the plane was over the Andaman Sea about 150 miles west of the Burmese coastal town of Tavoy when contact was lost.

The Andaman Sea lies between the Indian subcontinent and Southeast Asia.

Burmese officials in Rangoon said the plane was making routine contact with air traffic controllers at Rangoon Airport before proceeding into Burmese air space when it disappeared.

22) 대한항공 폭파 사건은 1987년 11월 29일 이라크 바그다드 국제공항을 이륙한 대한항공의 B-707 기종의 KE 858편이 UAE의 아부다비 국제공항을 거쳐 서울로 오기 전의 마지막 중간 기착지인 방콕 돈므앙 국제공항으로 비행하던 도중, 인도양 상공에서 교신이 두절되어 실종, 인도양 상공에서 폭파된 사건으로 서울 올림픽을 방해하기 위한 목적이다. 사건 발생 1년 전인 1986년에 발생한 김포국제공항 폭탄 테러도 1986 서울 아시안 게임을 방해하기 위한 북한의 소행으로 결론난 바 있다.

5 경호의 환경

경호는 권위적인 모습으로 비춰지나 실제적으로는 필수 불가결한 것이다. 이것은 평소 군대가 운용되는 것처럼 실제 전쟁을 대비하는 것이듯 경호도 언제 어디서 발생할지 모르는 우발상황을 대비하는 것이다.

1) 인터넷의 발달

우리 경호의 환경은 급속한 경제성장으로 생활의 풍요를 누리는 동시에 인터넷의 발달을 통해 무분별한 정보를 받아드리게 되면서 시작되었다.

우지식 정보화 사회와 테러의 관계는 인터넷과 SNS(Social Network Service)의 등장으로 국가안보는 (1)사이버상의 기술적 공격, (2)사이버상의 심리적 공격에서 자유로울 수 없게 되었으며 과거의 간첩활동이 지령에 의해 이루어졌다면 지금은 자생적 국가안보사범으로 옮겨가고 있는 특징이 있다. 이것은 적국의 인터넷과 SNS의 공작활동을 통해 자생적으로 반국가단체를 증가시키는 전술이다.

이와 같은 환경은 경호에 잠재적 위협의 확산으로 부정적인 환경을 조성하며 사이버 테러의 위협은 또 다른 위협이 되고 있다.

2) 외국인 입국 증가

출산율 둔화로 인한 노동력 감소는 무분별한 외국인의 유입을 불러오는 원인이 되었다. 현재의 우리나라에 조선족은 75만 - 80만명 수준이며 이는 중국의 조선족 전체 3명중 1명은 국내에 있는 셈이다.

이처럼 중국의 조선족이 국내에서 조직범죄, 기업범죄, 산업기술유출범죄와 같이 영역이 확대됨에 따라 사법당국에서는 이러한 분야의 사건만 수사하는 전문수사관 제도를 시행하게 되었으며 경찰청이 직접 전문수사관을 추천받아 발탁하는 인재 영입 제도도 신설하였다.

이뿐만이 아니라 통일부에 따르면 북한이탈주민은 2005년부터 2017년말까지 공식적으로 25,025명에 달하고 있으며 지금은 약3만명 수준이다. 국내에 입국한 북한이탈주민들이 자금을 축적한 후 브로커를 통해 아직 북한에 남아있는 가족들을 꺼내오는 경우가 많으며 실제 최근의 국내 입국자들 상당수는 이런 사례이다. 따라서 북한 이러한 상황에 민감하게 반응하고 있다.

그런데 문제는 북한이탈주민들은 북한 이탈 후에도 여전히 북한에 커넥션을 가지고 있는 경우 있으며 이러한 과정에서 북한 국가안전보위성이 국내에 잠입시켜 놓은 고정간첩에 의해 명단이 유출되는 사례가 발생하고 있다.

북한은 이렇게 확보한 정보를 바탕으로 북한이탈주민에게 북한에 남아있는 가족의 안전을 조건으로 이중간첩으로 활용하고 있다고 한다. 이렇게 포섭되어 어쩔 수 없이 이중간첩이 된 북한이탈주민은 우리나라의 정보를 수집하여 북한에 제공하다 적발사례가 다수 존재한다. 이러한 환경은 방첩의 기능이 마비시키게 되며 경호의 환경 또한 악화시키는 요인이다.

3) 집단행위의 확산

1980년대 이후 집단행위의 확산은 조직화되어 왔으며, 누구든 쉽게 불법무기를 구할 수 있는 환경과 무사안일주의는 경호에 부정적인 영향을 미치고 있다.

우리나라는 총기 소지가 안 되어 테러의 가능성이 낮다는 인식이 높지만 분단국으로 외국에서 한국은 지극히 위험한 나라로 분류되고 있으며, 현재도 전쟁이 끝나지 않은 휴전중이란 점에서 위험요소는 충분히 존재한다.

여기에 일괄성 없는 안보정책은 많은 문제가 되고 있는데 안보정책의 핵심은 일관성인데 방첩활동은 북한에 의한 위협에 끊임없이 상존하지만 민주주적인 정권이양을 거치며 북한에 친화적인 정권이 들어서면 북한과 대북정보를 다루고 있는 방첩기관은 정치적인 관점에서 권한이양, 조직축소, 인사단행과 급격한 변화를 주어 식물기관으로 전략해 버리곤 한다.[23)]

6 경호학의 확대

융합보안은 정보보안(IT)와 물리보안(인간)을 결합한 보안의 형태로 정의하고 있고, 국가에서는 당시 지식경제부에서 2008년 발간한 「Securing Knowledge Korea 2013」을 통해 융합보안을 IT보안과 산업의 결합한 형태로 정의하고 있으며, 정보보안, 물리보안, 융합보안으로 세분화하는 과정에서 만들어진 용어이다.

정보보안의 핵심은 사이버전을 의미하는데 이는 컴퓨터 네트워크를 통해 디지털화된 정보가 유통되는 가상적인 공간에서 다양한 사이버 공격 수단을 사용하여 적의 정보 체계를 교란, 거부, 통제, 파괴하는 등의 공격과 이를 방어하는 활동이며, 최근 북한의 해킹 및 개인정보 유출의 사례증가에 따라 산업 활동에 유용한 기술상, 경영상의 정보를 산업스파이로부터 도난당하지 않도록 보호하기 위한 활동과 보호할 가치가 있는 인원, 문서, 시설, 기술 등 제반 산업기밀의 침해 방지 및 관계없는 자에게 누설되지 않도록 보호하는 산업보안의 융합보안 활동이 요구되고 있다.

23) 헌법(8조4항)에서 방어적 민주주의(防禦的民主主義)를 채용하고 있음에도 북한정권에 친화적인 단체들의 활동은 자유민주주의 체제의 유지와 사회적 기본질서에 위배되는 활동으로 정치적 목적의 위협이 될 수 있다. 이들 단체는 ND(National Liberation)계열과 PD(People Democracy)계열로 구분되는데 NL계열은 북한의 김일성 주체사상을 따르며 반미(反美)를 통해 민족해방을 주장하고 있으며, PD계열은 인민민주주의를 주장하는 공산주의를 노선으로 한다.

첫째, 융합보안은 물리보안 시스템의 IT화에 따른 운영 효율성 및 원가절감 측면이 높다. 하지만 과거 별도의 네트워크로 구성되어 폐쇄적으로 운영되던 물리보안 시스템이 네트워크가 융합되면서 개방형 네트워크에 노출되고 이에 따라 해킹, DDoS에 취약하게 될 수 있기 때문에 이에 대한 대책 또한 고려되어야 한다는 점이 있다.

둘째, 정보자산 가치의 증가에 따른 보안수준 향상 측면으로 국내의 기술경쟁력이 세계적으로 높아짐에 따라 산업기밀에 대한 유출시도 또한 증가되고 있는 추세라는 점이다.

셋째, 위험관리에 대한 통합보안 요구 측면으로 물리보안과, 정보보안 개별로 모니터링 하던 신호를 융합하여 분석하는 경우, 개별로 분석하던 것에 비하여 좀 더 정확하고 의미 있는 정보 산출이 가능하다는 점이다.

넷째, 위협의 복합화에 따른 편리성 제고 측면으로 보안 수준이 강화될수록 불편함을 초래하기 때문에 보이지 않는 보안(Invisible Security)에 대한 수요가 등장하기 시작했으며, 개인정보에 대한 침해 없는 검색장비와 모니터링 기술이 발전하는 추세이다.

이러한 융합보안의 사례는 다음과 같다.

첫째, 통합인증은 출입관리에서의 카드, 지문 등으로 인증하는 체계와 PC 로그인, 인트라넷 접속 ID, 패스워드를 인증체계를 통합하는 것이다.

둘째, 출력물 보안은 인쇄 전자감응 특수용지를 사용하여 출입통제에서 출력물에 대한 무단 반출을 탐지, 복합기에 사용자를 인증하는 체계, 인쇄물에 출력자의 신원을 자동 인쇄하도록 하는 방안 등이 적용되고 있다.

셋째, 융합관제는 물리보안과 정보보안의 통신장비를 통합하여 통신망 및 관제 인프라 공유가 가능하며 통합 관제가 가능하게 하게하여 최소 비용으로 물리보안의 위협과 정보보안의 위협을 한꺼번에 해결할 수 있도록 한다.

Chapter 02 경호의 분류

1 경호의 주체

1) 국가경호

국가경호는 국가원수 및 그에 준하는 주요 인물을 보호하기 위하여 관련법에 따라 경호기관을 설치하여 제공하는 경호를 말하며, 관계법에 근거하여 사전에 경호대상자로 분류하여 경호를 제공하는 것을 의미하며, 국가경호원은 경호기관의 소속 공무원으로 법에서 근거한 경호의 목적한 바에 따라 경호지휘와 경호임무를 수행하는 자를 말하며, 그 법에서 근거한 경호란 국내요인 갑·을·병호의 경호대상자와 외빈 A~F급 경호대상자를 말한다. 또한 경찰, 국방부, 검찰, 국가정보원에서 이루어지는「요인보호」,「신변호보」활동의 주체를 국가경호원이라 할 수 있다.

국가경호의 특징으로 대통령과 같은 국가원수는 대내적으로는 헌법을 수호하여 국가를 보위하며 대외적으로 국가를 대표하는 주요요인으로 이에 대한 경호는 국가의 운명과 직결되어 전문성을 가지고 총력을 기울여야 한다.

1. 경호대상자의 안전 및 보안유지
2. 질서유지 및 혼잡방지
3. 권위 및 위엄 유지
4. 국위선양: 국내외의 주요인사와 내한하는 국빈에 대한 경호는 자국경호의 우수성을 국제사회에 과시하는 도구로 역할
5. 친화도모: 경호대상자와 일반인과 접촉을 허용하되 안전을 보장

일반적으로 국가정상 및 그에 준하는 경호대상자에 대한 위해나 우발적인 범행은 철저한 준비와 계획에 의하여 이루어지기 때문에 국가 경호기관는 테러의 기회를 차단하기 위해 법률적 제도를 구축하여 예방에 집중해야 하여 테러 발생을 기회를 최소화하여야 한다.

국가에서 수행하는 경호는 업무를 수행함에 있어서 단 한 번의 실수는 전쟁과 같은 국가안보에 치명적인 영향을 미치고 있어 경호임무와 역할은 그 무엇보다 중요하다.

국가원수에 대한 경호는 국가의 안전보장에 중대한 영향을 미치고 있다.

마지막으로 경호활동의 목적이 국가나 공공의 이익에 우선하며 경호와 관련하여 국가기관 및 지방자치단체로부터 필요한 부분에 관한 협조체제를 받을 수 있는 법적 근거를 가지고 있으며, 경호유관기관과의 협조 시스템은 「대통령경호안전대책위원회규정」을 따른다.

대통령경호안전대책위원회의 위원은 국가정보원 테러정보통합센터장, 외교부 해외안전관리기획관, 법무부 출입국·외국인정책본부장, 국방부 조사본부장, 문화체육관광부 관광산업정책관, 과학기술정보통신부 통신정책국장, 국토교통부 항공안전정책관, 식품의약품안전처 식품안전정책국장, 관세청 조사감

시국장, 대검찰청 공안기획관, 경찰청 보안국장, 소방청 119구조구급국장, 해양경찰청 경비국장, 합동참모본부 작전본부 소속 장성급 장교 중 위원장이 지명하는 1명, 군사안보지원사령부 소속 장성급 장교 또는 2급 이상의 군무원 중 위원장이 지명하는 1명, 수도방위사령부 참모장과 위원장이 임명 또는 위촉하는 자로 구성한다.

또 이를 통하여 필요한 인력과 장비의 동원이 가능하도록 시스템을 체계화하여 적은 인원으로 효율적인 경호업무를 수행할 수 있도록 하고 있다.

2) 민간경호

민간경비(Private Security)란 개인의 생명과 재산을 보호하기 위하여 특정한 의뢰자로부터 받은 보수만큼 경비 및 안전에 관련된 서비스를 제공하는 개인 및 단체의 영리활동으로 정의되며, 민간경호원이란 허가된 경비업체의 신변보호업무를 전담하는 일반경비원과 실질적 의미의 경호업무를 수행하는 사인(私人)을 의미하며, 의뢰인에게 우발적으로 발생하는 위해로부터 신체 및 생명을 보호하는 법인 및 개인을 말한다.[1)]

우리나라 민간경비의 법적 근거인 「경비업법」 제2조에서는 “경비업”을 경비업무의 전부 또는 일부를 도급받아 행하는 영업이라고 규정하고 있어, 시설경비업무, 호송경비업무, 신변보호업무, 기계경비업무, 특수경비업무 구분하고 있으며, 민간경호는 「경비업법」의 신변보호업무에 해당된다고 볼 수 있다.

민간경호는 경제발달에 따른 국민의 생활소득 증가와 보안에 대한 의식향상으로 경호대상자의 요청과 비용부담으로 이루어지는 형태의 경호로 1961년 「청원경찰법」, 1976년 「경비업법」이 제정되었다.[2)]

---

1) 사인(私人)은 명사로 개인 자격으로서의 사람을 의미한다.

2) 우리의 현대적 경호산업은 1950년대 미 군납 형태의 제한적 용역경비를 시작으로 그 영역을 확대하였고, 이는 우리나라의 민간경호시장의 정착과 발전으로 이어졌다. 하지만 민간경호

「경비업법」에 따른 민간경비는 매년 증가양상을 보이고 있으며, 경찰청 통계에 따르면 전국의 경비업체는 약 4천여개, 배치된 경호원은 약 15만명이 현장에 배치되어 담당업무를 수행하고 있으며, 「경비업법」에 근거하고 있지 않지만 실질적 의미의 경비업에 종사하는 민간경비원의 수는 400,000명 이상인 것으로 추산되고 있다.

과거에 국민의 생명과 재산을 보호하는 임무는 국가에 의한 국가기관이 전담하는 것으로 인식되어져 왔으나, 경제발달에 따른 산업의 발달과 사회기능의 다변화는 과학문명의 발달의 발달을 가져오면서 사회의 변화와 각종 범죄 증가로 민간경호의 비중이 커져가고 있다.[3)]

또한 지난 86아시안게임, 88서울올림픽을 기점으로 급격한 경제성장은 다양한 경비업의 발달과 함께 민간경비의 새로운 시대가 열렸으며 민간경비는 자본주의 경제와 밀접한 상관관계를 갖는다. 현재 수익성 행사의 경우 경찰의 역할은 최소한에 머물고 민간경비업체에서 경비원을 배치하여 행사 시작부터 종료시점까지 행사장내의 안전 활동을 책임지고 으며 행사장 입구와 주변의 교통통제까지 도맡아서 하고 있다.

는 반세기 동안 성장하여 왔지만 질적 수준에 미치지 못하고 있다. 민간경호업체는 인력수급에 문제가 발생하여 자질이 부족한 인력이 투입시키고 결구 인력의 단가를 낮추는 결과를 초래하였다. 민간경호가 발전하려면 공권력에서 확보하지 못하는 효율성과 경제성을 고려하여 경쟁력을 갖추는 것이 중요하다.

3) 민간경비의 대규모 행사장의 경비와 관련된 법적 근거는 「경비업법」이 주요 법률이며, 관련 법령으로서는 「공연법」, 「재난 및 안전관리 기본법」 등이 있다.

① 「경비업법」은 경비업의 육성 및 발전과 그 체계적 관리에 관하여 필요한 사항을 정함으로써 경비업의 건전한 운영에 이바지함을 목적으로 하고 있다.

② 「공연법」은 예술의 자유를 보장함과 아울러 건전한 공연활동의 진흥을 위하여 공연에 관한 사항을 규정함을 목적으로 하고 있다.

③ 「재난 및 안전관리 기본법」은 각종 재난으로부터 국토를 보존하고 국민의 생명·신체 및 재산을 보호하기 위하여 국가와 지방자치단체의 재난 및 안전관리체제를 확립하고, 재난의 예방·대비·대응·복구와 그 밖의 재난 및 안전관리에 필요한 사항을 규정함을 목적으로 하고 있다.

> 1. 범죄 양상의 조직화, 대형화 등 범죄의 증가
> 2. 국가치안기능을 넘어서는 수요로 국가기관의 법적근거와 인력의 한계
> 3. 특정인의 안전보장 필요성

2 경호의 운용

경호의 운용은 경호의 주체에 따라 운용의 방식이 다르다. 수행경호는 경호대상자와의 시간적, 거리적 개념에서 동선을 따라 대형을 갖추어 근접에서 경호를 실시해야 하는 것을 말하며, 선발경호는 행사장에 미리 도착하여 시작 전부터 행사 종료 이후까지 현장을 이탈하지 않고 특정한 지역 내에서 사전예방 경호활동을 의미한다.

> **수행경호:** 경호대상자의 이동 간 경호대상자의 동선을 따라 대형을 갖추어 근접에서 경호를 실시해야 하는 것
>
> **선발경호:** 경호대상자의 행사 시작 전부터 행사 종료 이후까지 현장을 이탈하지 않고 특정한 지역 내에서 사전예방경호를 실시하는 것

1) 수행경호

수행경호란 경호대상자의 외부 활동 시 각종 위해요소로부터 경호대상자를 보호하기 위하여 이동 간 또는 행사장에서 실시하는 근접호위활동을 말한다. 선발경호에서 충분한 사전예방경호가 이루어졌다 하더라도 예상치 못한 상황을 대비하는 것으로 모든 상황의 가능성을 열어두고 근무하여야 하며 경호대

상자의 근접에서 대응체계를 갖추어 공격으로부터 발생되는 피해를 최소화하여야 한다.

수행경호는 일반인과의 접촉을 허용한 상태에서도 경호대상자의 안전을 확보해야 함으로 모의훈련을 반복하여 실제 상황이 발생하면 자신도 모르는 사이에 반사적인 행동을 통해 경호대상자를 보호할 수 있도록 해야 한다.[4)]

① 도보이동에서 경호대상자와 촉수거리에 위치하여야 하며, 사전에 준비된 경호대형에 따라 경호업무를 수행한다. 이때 예상치 못하게 경호대상자가 경호대형을 벗어나는 경우가 발생하지만 결코 경호대상자가 시야에서 벗어나서는 안 된다.

② 경호대형에서 경호대상자의 위치는 항상 중앙에 위치하도록 하며, 이동속도는 경호대상자의 건강상태, 신장, 보폭 등을 고려하여 설정한다. 또 출입문, 엘리베이터 등의 경우에는 위해요소를 확인한다.

③ 우발상황이 발생하면 공격인지, 경고, 방호 및 대피, 대적 및 제압 순으로 대응체계를 갖추어 임무를 수행하며, 혼잡지역에서는 경호대상자의 일반인과의 신체접촉을 주의하여야 한다.

1. 불특정다수의 경계에서는 얼굴 표정보다는 손의 위치를 주의해야 한다.
2. 공격의 징후가 예상될 때에는 경호대상자의 주위를 차단하고 경호대상자를 대피장소로 이동 시킨 후, 공격징후를 확인한다.

2) 선발경호

국가경호에서 선발경호는 경호대상자가 현장에 도착하기 전에 현장에 도착

4) 모의훈련: 실제 우발상황에서 성공적인 방호를 위한 훈련으로 모든 우발상황을 가상한 다양한 시나리오에 의하여 암살팀과 경호팀으로 나눠어 방호 및 대피 그리고 대적 및 제압 훈련을 의미한다.

하여 정보활동, 보안활동, 검측활동, 안전활동 등을 실시하는 것이며, 행사의 성격과 위협의 수준에 따라 선발경호의 기간이 몇 개월 이상이 되기도 하며 혹은 시간이 매우 짧기도 한다.

1. 정보활동: 위해첩보 및 신원 특이자 동향 등의 수집·분석활동
2. 보안활동: 수집된 정·첩보 및 각종 취약요소에 대한 제반 안전활동
3. 검측활동: 위험물 점검, 폭발물 색출, 반입물품 검색 및 검식활동
4. 안전활동: 검측이 완료된 특정 지역에 요원을 배치하는 활동

민간경호에서 선발경호는 경호대상자가 도착하기 전에 현장에 도착하여 주변지형을 조사하여 병원 및 경찰서, 유동인구, 승·하차지점, 경호대상자의 동선 등을 파악하고 효과적인 업무를 위해 행사장 관계자와의 조율하는 것을 의미하며, 민간경호현장에서는 선발경호활동의 법적 근거가 없기 때문에 양해와 협의를 통해 경호업무를 수행해야 한다.[5]

5) 대규모 행사장 민간경비운영에 방안은 다음과 같다.

① 법제적 사안으로, 「경비업법」은 규제의 강화차원으로 개정되어야 할 것이며, 대규모 행사장 경비와 직접적으로 연관된 「공연법」과 「재난 및 안전관리 기본법」, 소방관계법에 대한 실효적 개정도 이루어져야 한다.

② 대규모 행사장의 민간경비운영이 적정성을 확보하기 위해서는 관계기관과 상호 협력시스템이 마련되어야 하고, 관계기관의 관리·감독 기능 및 지원 기능이 대폭 확대되어야 할 것이다.

③ 대규모 행사장의 민간경비운영과 관련하여 업무매뉴얼은 민간경비 역량을 강화시킬 수 있는 직접적 개선프로그램으로 적용되어야 하며, 전문적인 경호·경비기법이 전체 민간경비에 발전적으로 제공되기를 기대한다. 또 첨단화된 경호·경비 장비를 사용할 경우 민간경비에 대한 인식은 높이 평가될 것이고, 지능화·첨단화되어가는 범죄의 위협에 효과적으로 대응할 수 있을 것이므로 최대한 활용되어야 할 것이다.

④ 수익성 행사는 민간경비가 적극적으로 안전관리활동을 전개해야 하며, 특히 대규모 행사장 경비와 같은 큰 수익이 발생되는 업무는 우선적으로 민영화가 이루어져야 할 것이다.

따라서 최소한의 인원에 의한 선발경호가 반드시 필요하며, 경호대상자의 현장에 도착하는 시점부터 선발경호인원이 수행경호 업무로 전환되기도 하며 주변의 이목을 집중시키지 않도록 은밀히 수행하여야 한다.

1. 경호대상자의 하차지점을 선정한다.
2. 우발상황에서 대피동선과 차량 및 가까운 병원의 위치를 확인한다.
3. 경호대상자가 위치한 실내의 도·감청과 같은 보안사항을 확인하여야 한다.
4. 경호대상자의 특성을 고려하여 의전사항을 체크한다.
5. 수행경호에 현장의 정보를 제공한다.

3 경호의 대형

경호대형은 경호대상자 주변의 경호대형을 통한 인적방벽을 구축하여 경호대상자를 다양한 물리적 공격으로부터 보호하는 것을 의미하며, 행사의 성격, 행사장 참석자 인원 수 및 성향, 경호인원의 배치상황, 위협수준, 임무부여상태, 행사장 선발경호수준, 인적·물적 취약요소와의 이격도, 주변 감시통제 건물 등의 취약도 등 등을 종합적으로 고려하여 다양한 형태의 경호기법이 활용된다.[6)]

6) 인적방벽은 성인남자의 평균체위는 정면이 50cm, 측면이 20cm, 대각면이 30cm 정도를 기준으로 한다.

1) 경호대형의 구분

(1) 정적인 대형

경호대상자가 승하차지점과 같이 멈추어진 상태에서 이루어지는 경호대형이다. 지난 테러 사례에서 경호대상자의 승·하차지점에서 위해를 시도한 경우가 많았으며. 이는 경호대상자가 승·하차 시점에서 일시적인 정적인 상황이 원인이라고 볼 수 있다.[7)]

이외에도 경호대상자의 차량의 행사장 도착전 교통상황에 따른 서행, 신호대기로 인한 정차 등의 정적인 상황에서는 경계를 강화해야하며 차량이 완전히 멈춰 서지 않도록 해야 한다.

(2) 동적인 대형

경호대상자의 동선은 최단거리 직선통로를 사용하며 동선은 선발경호에서 현장을 확인하여 구성한다.

1. 노견에서 일반차량은 잠재적 위험요소이다.
2. 도보이동 중 경호차량은 경호대상자 근접에서 서행하며 우발상황에서 물리적 방벽을 형성한다.
3. 경호대상자의 동선주변 건물에서 낙하물 등으로 인한 위협을 확인한다.

7) 전 세계적으로 테러사례에 의하면 암살의 40%가 암살대상이 차안에 있는 동안 발생하였으며, 납치의 50%가 차안에 있는 동안 발생하였다.

2) 경호대형의 형태

(1) 1인 도보대형

① 임무

- 경호와 의전의 역할을 1인이 복합적 수행하는 형태의 대형이다.
- 차량하차 시 차량 내에서 경호대상자의 준비상태를 파악하고 하차하여 차량 문을 여는 업무를 수행한다. 또한 경호대상자의 가방과 서류와 같은 소지품을 챙긴다.
- 도보이동 시 동선에 대한 안내자가 있을 경우에 경호대상자의 뒤편에 위치하며, 경계임무를 수행한다.
- 별도의 안내자가 없을 경우 경호대상자 앞에서 동선을 안내하며 행사장의 동선에 사전 정보가 없을 경우 행사장 동선을 답사 한다.
- 위협의 수준에 따라 경호대상자와의 거리를 조절 한다.

② 행사장 도착

- 경호대상자 주변의 위협요소를 체크하고 경계업무를 시작하며 위협 수준 및 현장상황에 따라 위치를 조정한다.
- 우발상황 발생을 대비하여 대피 동선을 확인해 둔다.
- 의전상 행사장 인근의 화장실의 위치를 확인해 둔다.
- 승차지점을 확인하고 동선을 확인하며 가급적 사람이 밀집 지역을 우회하도록 한다.
- 경호차량은 지하주차장이 아닌 지상에 대기하고 있어야 하며, 최소인원은 차량에서 대기하며 차량에 위치추적 및 도·감청 장치의 부탁을 경계 한다.

③ 행사종료

- 행사가 종료되면 신속히 차량에 연락하여 승차지점 주변의 출발할 수 있는 여건을 갖추도록 한다.

- 위협요소를 고려하여 동선을 설정하고 승차지점으로 이동한다.
- 승차지점에 가까워오면 무전 등을 사용하여 차량이 출발준비를 할 수 있도록 하여 승차할 수 있도록 한다.

(2) 2인 도보대형

2명의 인원으로 경호와 의전업무를 구분하여 임무를 수행하는 대형으로 경호대상자를 앞과 뒤에 위치하여 대형을 구성한다.

① 임무

〈선두 경호원의 임무〉
- 경호대상자의 앞에 위치하여 동선 안내 등 의전에 비중을 둔 임무를 수행한다.
- 의전업무는 동선을 확보하고 출입문과 승강기문의 개폐와 승하차시 차량의 문 개폐 등의 업무를 수행하는 동시에 경호대상자의 가방과 서류와 같은 소지품 등을 휴대한다.
- 경호대상자의 걸음걸이를 고려하여 대형의 이동속도 등을 조절하는 역할을 하게 된다.
- 우발상황 발생 시에는 1차적 체위확장을 통한 경호대상자의 인적 방벽이 되며 위해 기도자와 대적의 임무를 수행한다.
- 행사장의 별도의 안내자가 없는 경우가 많아 선두경호원은 많은 경험이 요구된다.

〈후미 경호원의 임무〉
- 경호대상자의 뒤에 위치하여 경호업무에 비중을 둔 임무를 수행한다.
- 경호대상자와 촉수거리 내에서 벗어나선 안 되며 경호대상자가 시야를 벗어나서도 안 된다.

- 경호장비를 제외하고는 휴대하지 않는다.
- 우발상황 발생 시에는 경호대상자를 방호하여 대피하는 임무를 수행한다.

② 행사장 도착

- 선두경호원은 행사장내의 위협요소를 체크하고 후미경호원은 경호대상자를 근접에서 경계를 시작한다.
- 행사장에서 경호대상자가 착석할 경우 후미경호원은 경호대상자의 뒤에 경호석에 착석하도록 한다.

경호석은 경호대상자가 일반인과 함께 자리에 착석하였거나 연단에 자리하여 경호대상자가 불특정 다수에게 많은 노출이 발생할 때 사용되는 경호기법이다. 경호석의 위치는 선발경호에서 선정 마련하도록 하며, 이는 경호기법에서 중요하게 다루어지고 있다.

경호석8)

8) 출처: "달성 비슬산 참꽃 축제장 찾은 박근혜 전 대표", 뉴시스, 2009.04.25.

(3) 3인 도보대형

- 위해의 수준이 높을 때에는 역삼각형 대형을 이루어 전방경호원은 의전과 경호업무를 각각 구분하여 수행한다.
- 지형에 따라 일자대형으로 바뀌기도 한다.
- 후미의 경호원은 2인 도보대형과 같이 경호대상자의 바로 뒤에 위치한다.

(4) 4인, 5인 도보대형

- 다이아몬드 대형은 경호대상자를 기준으로 360도 경계를 할 수 있도록 책임구역과 임무가 부여된다.
- 지형에 따라 일자대형으로 바뀌기도 한다.
- Y 대형은 역삼각형 대형에서 후방에 넓은 시야를 확보할 수 있는 경호원의 역할을 부여함으로써 밀집지역 및 모든 상황에서도 유용한 경호대형이다.
- 팬타곤 대형 또는 마름모꼴 대형에서 후미에 1명이 추가되는 대형이다.
- 대규모 행사장 또는 밀집지역에 적합하다.
- 위협의 수준이 높고 외부행사에 유용하다.

1. 경호대형은 호흡과 조화가 중요 하다.
2. 경호대형은 장소, 성격, 지형 등 위협상황에 따라 경호대형 또한 변화한다.

4 경호의 이동수단

1) 도보경호

도보경호는 보행 중 이루어지는 경호로 근거리를 이동할 때 실시하는 경호를 의미하며 보행중인 경호대상자는 안전한 가옥 혹은 차량 등의 물적 방벽으로 벗어나 암살의 목표가 될 수 있음으로 경호대형을 형성하여 인적 방벽을 형성하여 도보경호를 수행한다. 이때 근거리 이동 중에도 근접에 경호차량 대기시켜 우발상황을 대비하여야 한다.

2) 차량경호

차량경호는 경호대상자의 차량으로 이동할 때 실시되는 경호를 의미하며 경호대상자의 차량과 경호차량을 통한 수행경호인 동시에 근접경호이다.

경호차량은 외부의 시선을 집중시키는 색상이나 차체가 지나치게 무거워 기동력과 제동력이 떨어지는 차량은 피해야 한다. 또 방향전환이 쉽고, 엔진의 토크가 좋은 차량을 선택한다.경호대상자의 차량은 같은 기종의 차량을 2~3대 동시에 운용하며 기만경호기법을 활용하는 것이 좋으며, 경호차량은 전방 시야확보와 방벽 형성에 유리한 대형 SUV 차량이 용이하다. 또 이들 차량에는 무선통신장비를 갖추도록 한다.[9]

9) 민간경호에서 차량용 무전기를 사용하려면 아마추어무선기사 자격을 취득하여야 한다. 아마추어무선기사란 한국전파진흥원에서 시행하는 아마추어무선기사시험에 합격하여 그 자격을 취득한 자를 말하며 아마추어무선기사 자격은 1급, 2급, 3급(전신), 3급(전화), 4급으로 구분된다.

① 제1급 아마추어무선기사: 아마추어국의 공중선전력 1킬로와트 이하의 무선설비의 운용
② 제2급 아마추어무선기사: 아마추어국의 공중선전력 200와트 이하의 무선설비의 운용
③ 제3급 아마추어무선기사(전신급): 아마추어국의 공중선전력 50와트 이하의 무선설비로서 21MHz 이상 또는 8MHz 이하의 주파수의 전파를 사용하는 것의 운용

차량경호의 특성상 일정시간 특정 지역을 통과함에 따라 차량대형이 노출되기 때문에 동선을 선택할 때에는 교통상황, 이동 소요시간, 이동형태, 위협요소를 고려하여 가장 안전한 최단거리를 선택하고 가능한 한 터널, 고가도로, 시위지역, 건널목 등은 피하는 것이 좋으며, 가까운 경찰서, 소방서, 종합병원의 위치를 미리 확인해 두어야 한다. 또 차량경호의 대형은 행사의 성격과 차량구성, 도로사정 등을 고려하여 결정한다.[10)]

차량경호의 경호기법은 고속주행, 혼잡지역 주행, 도착지점 인접 저속주행 등이 있는데 이때. 경호원과 경호차량이 하나같이 움직이는 고도의 훈련이 요구된다.

선도경호차는 주행방향의 선두에서 전방의 위협요소 및 특이사항을 차량대열에 전파하는 임무와 전방 우발적 차량의 접근을 차단하는 임무를 수행하며, 경호대상자차량은 경호대상자의 갑작스런 요구사항에 따른 동선을 변경 등을 전 차량에 전파하는 역할을 수행한다. 후미경호차량은 경호대상자의 차량과 1~2m 간격으로 좁혀 주행하며 후방 및 측방의 경계임무를 수행하고 차선변경 및 우발적으로 접근하는 추월차량의 접근의 방호한다. 또 경호대형의 전체적인 속력 및 주행차로를 선택한다.

> 경호대상자와 동승한 경호원은 차량내의 안전과 차량내에서 우발상황이 발생되면 대피의 임무를 수행한다.

---

④ 제3급 아마추어무선기사(전화급): 아마추어국의 공중선전력 50와트 이하의 무선설비로서 21MHz 이상 또는 8MHz 이하의 주파수의 전파를 사용하는 것의 운용. 다만, 모르스 부호에 의한 통신을 제외한다.

⑤ 제4급 아마추어무선기사: 아마추어국의 공중선전력 10와트 이하의 무선설비로서 30MHz 이상의 주파수의 전파를 사용하는 것의 운용. 다만, 모르스 부호에 의한 통신을 제외한다.

10) 전 세계적으로 테러사례는 암살과 납치는 암살대상의 집에서 차량으로 출발하고 약 500m 정도의 거리에서 가장 많이 발생하였다.

3) 열차경호

일반적으로 역 안은 혼잡하고 정해진 시간에 도착하여 열차로 갈아타야 하는 특성 때문에 경호대상자가 도착하여 머물 수 있는 장소 마련 등의 사전조율이 필요하다. 따라서 선발경호의 역할이 필요한데 선발경호는 시간적 여유를 갖고 역에 도착하여 예약된 승차권을 확인하고 동선을 체크한다.

역에서 자체적 의전형식에 맞추어 구성한 좌석배열을 경호대형에 적합하도록 재구성 하여야 한다. 경호원이 경호대상자 주변에 착석하는 경호석이 적절한 위치에 마련되지 않으면 효과적으로 경호업무에 집중하기 곤란하다.

열차에 탑승하면 열차 내에 세면장 등의 편의시설의 위치를 미리 확인해두고, 특히 차량 승·하차지점과 마찬가지로 열차의 승·하차 주변이 취약하므로 특별히 주의를 기울여야 한다. 또 하차지점으로부터 의전실 그리고 차량 승차지점까지 가는 최적의 동선을 확보하여야 한다.

4) 항공기경호

현직 국가원수와 대기업 기업총수를 제외하면 전용기 사용은 이루어지지 않고 있어 일반적인 항공기 이용을 기준으로 공항에서의 선발경호와 항공기 내에서의 수행경호로 구분된다.

항공기내에서의 좌석 배열은 항공기내에서 효과적으로 경호업무를 수행하기 위하여 필요하기 때문에 공항에 선발경호가 시간적 여유를 가지고 먼저 도착하여 경호대상자의 수화물을 싣고 좌석확인을 체크한 다음 공항에서 경호대상자의 하차지점을 선정하고 최단 동선을 파악 한다.

만약 공항귀빈실을 이용한다면 공항의 지형을 미리 파악해야하며 공항의전실의 협조를 통해 경호업무를 수행한다.

5 경호의 노출과 비노출

경호대상자가 대중성을 가지고 있을 경우에는 일반인과의 접촉은 불가피하며 경호활동 또한 노출된다. 효율적인 경호를 위하여 노출경호와 비노출경호를 적절하게 활용하고 있으며 동일한 경호대상자를 기준으로 동시에 이루어지고 있다.

1) 노출경호

노출경호는 행사의 일정 및 장소가 이미 언론 등을 통해 알려진 경우이며, 이미 일정과 동선이 노출되었기 때문에 불특정다수에 의한 위협도 증가하게 된다.

경호로 위엄과시 통한 우발상황의 예방 효과를 활용하고 명찰, 비표 등의 착용 또는 복장 등을 통하여 내빈뿐만 아니라 일반에게도 경호활동 중임을 미리 알려 행사장 출입관리 및 질서유지에 효과적으로 활용하여야 한다.

또 이러한 노출된 행사장에서는 방송국 기자단의 취재경쟁이 심하기 때문에 경호대상자가 안전사고에도 유의하여야 하며, 기자단과의 협의를 통해 풀(Pool)단을 구성하는 것이 좋은 대안이 될 수 있다.

2) 비노출경호

비노출경호는 행사의 특성에 따라 은밀히 수행하는 경호이며, 일정이 외부에 알려지지 않은 상황에서 비노출경호가 이루어진다. 또한 경호활동이 이루어지고 있음을 알지 못하도록 자유로운 복장을 착용하고 비밀리에 경호를 실시하는 경호기법이기 때문에 경호원의 복장이 주변과 자연스럽게 어울릴 수 있는 것이 중요하다.

또한 경호의 비노출은 경호대상자, 경호주체, 경호규모, 경호수준, 경호기법 등에 대한 보안유지에 유리하고 일반인의 불편도 최소화한다.

비노출 경호[11)]

6 경호와 의전

1) 경호중심의 운영

경호중심의 운영은 경호대상자의 보호가 경호의 다른 요소들에 비해 절대적으로 중요하게 작용하는 것이다. 이는 위협의 수준이 높고 특정한 위해정

11) 출처: "서울시당 등반대회 참석한 박근혜 전 대표", 뉴시스, 2007.07.07

보가 있을 때에 활용된다고 볼 수 있는데 이처럼 경호중심의 운용은 경호대상자의 보호에 장점을 가지고 있지만, 반대로 경호대상자가 어느 정도의 불편을 감수해야 한다.

2) 의전중심의 운영

의전중심의 경호는 의전에 중점을 두고 운용하는 방식으로 위협의 현저히 낮고 경호대상자가 대중성을 가지고 있지 않을 경우에 적합한데 이런 방식은 경호대상자에게 편리함을 제공하지만 우발적인 위해가 발생하면 경호대상자를 보호하기 어려운 단점이 있다.

Chapter 03 경호의 원칙

절대적으로 완벽한 경호를 수행하기란 매우 어렵기 때문에 우발상황을 예방하거나 최소화하여야 한다. 따라서 경호조직은 업무에 원칙을 설정하여 경호업무를 수행하고 있다.

그런데 경호활동은 경호를 실시하는 경호의 주체, 법적근거 등에 따른 인력, 예산, 장비뿐만 아니라 경호활동의 시간, 장소, 성격 등 다양한 환경에 따라 달라지는 특징이 있어 경호의 원칙을 완벽히 규정하기 어렵지만 경호현장의 사례를 체계적으로 분석하면 최소한의 경호원칙을 선정할 수 있을 것이다.

1 국가경호의 원칙

1) 중첩경호의 원칙

중첩경호는 경호대상자와의 거리를 기준으로 근접경호(Inner Ring), 중간경호(Middle Ring), 외곽경호(Outer Ring)로 구분하고 이에 따른 경호인력의 배치와 임무가 부여되는 것이다.

지난 사례로 1968년 1월 21일 북한 민족보위성 정찰국 소속 공작원(124부대) 31명이 청와대를 습격하여 대통령을 암살하기 위하여 서울 세검정 고개까지 침투하였던 사건으로 총 침투한 31명중 사살 29명, 미확인 1명, 투항 1명(김신조)이다.

1.21 사태당시 청와대 2선 경비구역의 지형[1)]

이들은 지금의 창의문 부근에서 검 · 경 합동 검문에 발각이 되어 대부분이 사살되었고 김신조는 생포되었는데 이때 북한의 특수부대는 청와대의 2선 경비구역까지 침투하였고 이는 청와대와 불과 500m 지점까지 침투한 것이다.[2)]

당시 대통령경호를 위하여 중첩(3중)경호기법을 사용하고 있었는데 이것은 서로 각각이 다른 경호기관이 하나의 목표물을 중첩되게 방비하는 개념이다. 만약 수도방위사령부 담당구역인 3선 경비 구역에서 발각되지 않는 북한 특수부대가 경찰의 담당구역인 2선 경비구역에서도 발각되지 않았다면 대통령 암살까지 이어질 수 있는 심각한 국가안보의 위기 상황을 초래하였을 것이다.

---

1) 출처: 한국문화재재단 홈페이지(https://www.chf.or.kr)

2) 북한의 목적은 청와대를 기습해서 대통령을 암살하고 나머지는 각 조별로 미국 대사관 공격, 한국내의 주요요인 암살, 국방부 공격, 교도소를 전복하여 죄수 석방 등 서울 시내에 총체적인 대혼란을 유도하여 한국 내에 반정부 세력의 테러로 꾸민다는 대규모 계획이었다고 한다. 이 사건이후 주민등록번호, 예비군, 5분대기조, 육군3사관학교, UFG훈련, 군복무연장, 684부대 등이 창설되는 사례를 남겼다.

중첩경호의 원리

경비구역	경호대상자와의 거리	담당기관
3선 경비구역 (Outer Ring)	소구경 곡사화기의 유효사거리	수도방위사령부 소속 예하부대
2선 경비구역 (Middle Ring)	소총의 유효사거리	서울지방경찰청 101 경비단 202 경비단
1선 경비구역 (Inner Ring)	권총의 유효사거리 및 수류탄 투척거리	대통령 경호처

중첩경호의 원리는 외곽에 중점을 두느냐 근접에 중점을 두느냐는 국가마다의 차이가 있고 경호구역의 지리적 특성과 위해요소의 종류 및 정·첩보 수집내용에 따른 차이는 있지만 전 세계 대부분의 국가에서 적용되는 원리이다.

북한에서도 중첩(4중)경호의 기법이 활용되는데 1선 경호는 중앙위원회 조직지도부 80호실 소속 974부대, 2선 경호는 호위사령부 963부대, 3선 경호는 보위사령부와 국가안전보위성, 4선 경호는 인민보안성으로 총 12만명으로 구성되어 있다. 이중에서 1선 경호를 전담하는 974부대는 약 3000명으로 구성되어있으며 근접경호는 약 500명으로 구성되어 있어 한국의 대통령경호처와 유사하다고 볼 수 있다. 다음은 북한의 경호기관과 기법에 대한 설명이다.

북한의 경호기관[3)]

물론 북한에서 이처럼 경호를 강화하는 목적은 독재권력을 3대째 세습하여 정권을 유지하기 위함이 목적이 큰 비중을 차지하겠지만 민주주의 정권인 한국의 경우는 과거 북한의 특수부대 및 공작원에 의한 대통령 암살 작전에 대한 대응이 주된 목적이라고 볼 수 있다.

이와 같은 대통령 경호의 수준은 통치형태와 같은 정치적 환경뿐만 아니라 주변국의 정치적 환경 및 안보관계도 포괄적으로 고려되어야 한다.

다음은 1974년 광복절 기념행사에서 박정희 대통령을 암살 목적으로 침투한 대남간첩 문세광(文世光)에 의해 영부인 육영수가 암살당하는 사건이 발생인데, 이 사례에서 경호실패의 원인으로 문세광이 일본어를 사용하여 검문검색 과정에서의 문제가 되었다는 점이 지적되어 왔다. 결국 1선 경비구역에서 출입통제 시스템이 근본적인 원인으로 지적된 것이며 이 또한 중첩경호를 통해 각각의 다른 기관에서 중첩된 검색이 이루어졌다면 미연에 예방할 수 있었을 지도 모르는 것이다.

3) 출처: YTN 시사탕당(https://ytn.co.kr)

또한 당일 경호현장에서만 아니더라도 중앙정보부 오사카 분실, 오사카 주재 한국총영사관, 김포공항 세관, 외사 경찰 등 여러 국가기관 가운데 어느 한 곳만의 기능이라도 제대로 작동했다면 원천봉쇄 될 수 있었다.[4] 결국 이 사건으로 한국 대통령 경호는 큰 변곡점을 맞이하였고 그 결과 혼합경호시스템인 「대통령경호안전대책위원회」을 구축하는 계기가 되었다.

이러한 중첩경호기법을 이론적으로 정립한 것은 영국 런던 경시청(Metropolitan Police Service) 경호국이며 이를 실제적 기법으로 정립한 것은 미국의 비밀경호국(United States Secret Service)이다.

또한 우리나라에서는 청와대에서는 내부(대통령경호처), 내곽(101경비단), 외곽(202경비단)이 배치되어 대통령 경호를 수행하고 있으며, 외부행사 시에는 대통령경호처, 22경찰경호대, 지역경찰인력을 활용하여 중첩경호를 수행하고 있다.

(1) 1선(Inner Ring) 안전구역

안전구역은 권총의 평균 유효사거리 및 수류탄 투척거리를 기준으로 설정되며, 경호대상자에게 치명적 위해를 줄 수 있는 근접지역으로 많은 경호인력과 장비의 역량이 집중된다. 이러한 안전구역은 행사가 이루어지는 건물전체에 해당된다.

(2) 2선(Middle Ring) 경비구역

경비구역은 소총유효사거리가 기준으로 설정되며, 건물 내곽의 울타리 안쪽으로 출입통제 및 경계 및 순찰이 집중된다.

4) 정순태 (1999). "운명의 7초간(월간조선 8월호)". 서울: 조선일보사 ; 조광래 · 주일엽 (2001). 대통령경호안전대책위원회의 발전방안에 관한 연구, 한국공안행정학회보 제11권 351-374.

(3) 3선(Outer Ring) 경계구역

경계구역은 소구경 곡사화기의 유효사거리를 기준으로 설정되며, 외곽울타리 지역으로 검문검색이 실시된다.

경비구역(2선), 경계구역(3선)은 예비구역의 성격으로 경호에 대한 정보와 첩보를 수집해 이를 1선, 2선 또는 경호지휘소에 전달하여 적절한 조치를 취하는 경보체제가 주요 기능이다.

> 중첩경호원칙도 화기의 유효사거리의 개념을 무력화시키는 등론과 같은 첨단화기가 사용될 경우 무의미해 질수 있음으로 단순히 거리개념으로 구분한 중첩경호의 획일적 시행보다는 정·첩보 수집을 통한 예방적 경호의 역할이 중요하다.

2) 자기담당구역 책임의 원칙

경호임무 수행에서 자기담당구역에서 발생하는 우발상황에 대한 책임을 규정하고 인접한 구역에서 우발상황이 발생된다고 해서 자기의 책임구역을 이탈해서는 안 된다는 원칙이다.

3) 촉수거리의 원칙

경호대상자와 경호대형 사이에는 인적장애물이 존재하여서는 안 되며, 경호대상자와 경호대형의 거리는 촉수거리를 벗어나선 안 된다는 원칙이다.[5)]

---

5) 14.02/s = 100/m, 1/s = 7.13/m(14.02/100), 0.1/s = 0.713/m(10/0.713), 0.3/s = 2.139/m(0.713×3)

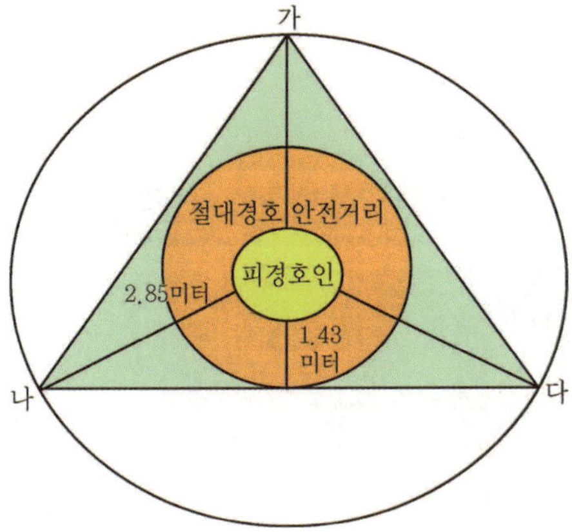

4) 방어경호의 원칙

경호활동 중 우발상황이 발생한다면 위협요인과 대적하여 무력화 시키는 것 보다 경호대상자를 안전한 곳으로 대피시키는 것이 우선되어야 한다는 것이다. 이러한 과정에서 자신을 희생을 통해 경호대상자를 보호해야 한다는 원칙이다.

5) 하나로 통제된 지점을 통한 접근의 원칙

경호대상자와 접근할 수 있는 최소한으로 제한하여 출입통제를 수행하여야 한다는 것이다.

2 민간경호의 원칙

2006년 5월 서울 신촌에서 지방선거 지원유세 중 발생한 한나라당 박근혜 대표의 테러 사건은 무원칙한 경호의 사례라 할 수 있다.[6] 당시 현장에서는 선발경호활동이 이루어지지 않았으며 경호대상자의 수행경호활동에서 조차 촉수거리의 원칙이 지켜지지 않았다.[7]

박근혜 전대표 피습[8]

이 외에도 현장에는 박근혜 대표의 국회보좌진과 한나라당 소속 경호원들이 뒤섞여 경호지휘통제 책임의 원칙이 지켜지지 않았음도 알 수 있다. 그리

6) 사건 당시 한나라당 대표였던 박근혜 대통령은 서울 신촌 현대백화점 앞에 도착한 뒤 같은 당 오세훈 서울시장 후보 지지연설을 위해 단상에 오르다가 지충호가 휘두른 흉기에 피습을 당하였다.

7) 현재 민간경호에 대한 부정적의 인식이 존재하는데 이것은 한국의 민간경호 산업도 과거 미국, 일본, 유럽 등지에서 경험한 민간경호 산업의 구조적 악순환이 계속되고 있다고 볼 수 있다. 임금 , 승진기회, 이직률 , 전문성 등의 문제는 민간경호 산업이 개선해 나가야할 과제이다.

8) 출처: "'피습' 박근혜 대표, 수술 2시간 가량 걸릴 것", 노컷뉴스, 2006.05.20

고 우발상황 발생 대응 원칙으로 (공격인지 - 경고 - 방호 및 대피 - 대적 및 제압) 순의 방어경호의 원칙 또한 지켜지지 않았다. 마지막으로 행사장인근의 병원을 파악해두지 않아 많은 시간을 허비하였다.

민간경호는 국가경호와 달리 법제적 근거, 경호인력, 경호장비에 있어 차이가 있어 국가경호에서 사용되는 경호원칙은 민간경호 모두 적용하기란 쉽지 않다. 하지만 국가경호 뿐만 아니라 민간경호의 특성을 고려한 경호의 원칙은 필요하다.

1) 중첩 경호의 원칙

민간경호에서는 법적근거, 경호인력, 경호장비, 유관기관의 협조 등에서 축소된 중첩경호의 원칙을 적용하여야 한다.

2) 최적화 동선을 통제한 접근의 원칙

하나의 지점을 통한 접근의 원칙은 경호대상자와 접근할 수 있는 통로를 최소한으로 하여 출입통제를 실시해야 한다는 것인데. 민간경호에서는 일반인에 대한 통제권이 없어 최적화 동선을 통제한 접근의 원칙으로의 수정하여 적용할 필요가 있다. 또 최적화 동선에서는 비노출 경호기법을 통해 경호 인력을 배치하여야 한다.

3) 경호지휘통제와 책임의 원칙

지휘단일성의 원칙은 서로 다른 형태의 경호원들이 존재하고 다양한 관련기관들이 경호활동에 참여하지만 지휘체계는 단일해야 한다는 것인데. 민간경호에서는 수익자부담원칙에 근거하여 이루어지고 비용을 지급하는 의뢰자 또는 행사주최 측에서 경호의 방향을 통제하는 경우가 많다, 따라서 경호현장의 지휘통제는 경호업체에 의해 단일화하고 경호와 관련된 현장의 경호업체에서 모든 책임을 다하는 것이다.

3 근접경호의 원칙

1) 우발상황의 개념

우발상황은 실질적 공격은 아니지만 실질적인 공격으로 확대될 수 있어 우발상황의 개념을 이해할 필요가 있다.

우발상황의 개념은 예상치 못한 화재, 건물붕괴, 정전 등과 같이 의도한 공격은 아니지만 경호대상자에게 위협을 가하는 모든 상황을 집약한 개념이다. 또 이러한 우발상황은 위해기도자의 의도된 공격의 사전 단계일 수 있다.

우발상황을 인지하기 전까지는 장소, 시간, 방법, 종류 등을 사전에 예측하기 어렵고 우발상황의 이후의 의도된 공격의 대응은 후속조치에 한정되기 때문에 사전예방경호의 중요성이 강조된다고 볼 수 있다.[9]

따라서 우발상황이 발생하면 즉각적인 조치가 요구되며 근접에 위치한 경호원은 경호대상자에게 인적방벽을 형성하여 계속될 수 있는 공격으로부터 경호대상자를 보호하고 대피하여야 하며 공격에 대한 대적보다 경호대상자의 방호 및 대피에 치중해야 한다. 이는 경호원은 순간적으로 공격 지점의 정확한 위치를 파악하기 어렵고 짧은 시간에 공격지점을 총기로 대적한 사례로 육영수 여사 저격사건(1974)과 같은 제2의 피해자가 발생할 수 있기 때문이다.[10]

9) 우발상황이 발생하면 경호대상자와 경호원 그리고 주변의 일반인은 공포와 불안감을 느끼게 되는 특징을 가지고 있으며, 특히 총소리나 폭발음은 직접적인 위해가 발생하지 않더라도 더 이상 행사의 진행 어렵게 만들 수 있다.

2) 즉각조치의 원칙

즉각조치의 원칙은 경호대상자를 방호하고 대피시키는 것이 공격지점을 제압하는 것보다 중요하며 평소 다양한 가상 상황 하에서의 반복·숙달 훈련만이 위기상황 하에서 경호대상자의 생명을 구할 수 있다.[11] 또 비상사태의 형태에 따라 다양한 기법을 활용할 수 있으나, 기본적으로는 경고, 방호 및 대피, 대적 및 제압 그리고 통로개척 및 질서유지로 나누어진다.[12]

(1) 공격인지(Recognize of Attack)

공격인지는 위협요소에 대해 의문점을 제기하고 스스로 판단하여 위해가 될 수 있다고 판단되는 시점으로 허가되지 않은 사람과 물건 등에 의문점을 제기하고 공격 실행 전에 주변에 전파함으로써 공격기회를 차단하는 것이다.

(2) 경고(Sound-off)

공격이 인지되면 경호원은 신속한 체위확장과 함께 육성과 수신호를 통해 경고하여 주변에 알리고 주변에서는 무전으로 전체에 전파한다.

10) 당시 박종규 경호실장의 대적사격에 합창단 장봉화양이 총탄에 맞아 사망하였다. 따라서 방호 및 대피는 순간적으로 상황을 정확히 파악하고 신속하게 경호대상자를 방호하고 대피로를 확보하여야 한다. 이것은 경호대상자를 사고현장에서 안전지역으로 신속히 이동시키는 행위인데, 위해의 종류와 피해의 정도에 따라 대피장소를 달리하여야 하며, 병원 등으로 이동 시에는 제2,제3의 위해를 예상하여 대피로를 보안으로 하는 기만경호를 수행하여야 한다.

11) 염상국. (1997). 요인경호시 근접경호원에게 요구되는 행동이론에 관한 연구. 경희대학교 석사학위논문

12) 美國 CID. (1978). Protective Services.

(3) 방호 및 대피(Cover and Evacuate)

경고를 통하여 공격을 인지하게 되면 경호대형은 인적방벽을 형성하여 공격방향과 반대방향으로 경호대상자를 대피시키고 경호대상자에 대한 모든 접근을 통제하며, 경호대상자를 사방에서 방호하고 경호대상자는 자세를 낮추도록 한다. 방호대형은 함몰형대형과 방어적 원형대형이 있다. 대피는 경호대상자에 대한 방호와 함께 이루어져야 하고 경호대상자를 공격지점으로부터 최대한 이격시키는 것이다.[13)]

(4) 대적 및 제압

제2, 제3의 공격을 사전에 차단하기 위해 대적하여 제압하여야 하며, 대적과 제압을 할 때에는 경호대상자와 위해기도자의 중간 지점에 경호원이 위치하며 공격지점과 가까운 거리에 위치한 경호원이 대적 및 제압을 수행하고 경호대상자와 가까운 지점에 위치한 경호원은 인적방벽을 형성하여 대피를 한다.

13) 대통령경호실. (1996). 경호실무. 대통령경호실.

Chapter 04 경호의 법제

1 요인경호

1) 경호대상

경호대상

	국내		국외
갑호[1]	대통령과 그 가족 대통령당선인과 그 가족 전직대통령과 그 배우자 및 자녀 (10년 이내)	외빈 A·B·C·D 등급[2]	대통령, 국왕, 행정수반 행정수반이 아닌 총리, 부통령
을호[3]	국무총리 국회의장 대법원장 헌법재판소장 전직대통령(10년 이후) 대통령 후보자	외빈 E·F 등급[4]	부총리, 왕족 외빈 A·B·C·D 등급 배우자의 단독 방한
병호	위의 갑호, 을호 이외의 경찰청장이 필요하다고 인정한 자		

1) 대통령경호처와 경찰이 전담

2) 대통령경호처와 경찰이 전담

3) 서울지방경찰청 경비2과장 산하 전담경호대 설치운용

해외에서 방한하는 요인의 경호등급은 외교부장관, 국가정보원장, 대통령 경호처장, 경찰청장 등이 미리 협의하여 그 등급을 정하고 있으며, 그 밖에 경호처장이 경호가 필요하다고 인정하는 국외의 요인은 경호대상자의 지위와 위협수준, 해당 국가의 정치상황, 국제적 상징성, 상호주의 측면, 적대국가 유무, 국제적 관계 등을 고려하여 경호등급을 구분하고 있다.

2) 경호주체

- 국내요인(갑호), 국외요인(외빈 A～F등급): 대통령경호처 · 경찰
- 국내요인(을 · 병호), 국외요인(외빈 E · F등급): 경찰

3) 기타

(1) 대통령 등의 경호에 관한 법률

■ 경호구역

- 처장은 경호업무의 수행에 필요하다고 판단되는 경우 경호구역을 지정할 수 있다.[5)]
- 경호구역의 지정은 경호 목적 달성을 위한 최소한의 범위로 한정되어야 한다.
- 소속공무원과 관계기관의 공무원으로서 경호업무를 지원하는 사람은 경호 목적상 불가피하다고 인정되는 상당한 이유가 있는 경우에만 경호구역에서 질서유지, 교통관리, 검문 · 검색, 출입통제, 위험물 탐지 및 안전

4) 서울지방경찰청 경비2과장 산하 외빈경호대 설치운용

5) 경호구역 중 대통령 집무실과 대통령 관저 등은 내곽구역과 외곽구역으로 나누며 각종 행사장, 유숙지 등에 대한 경호구역은 행사의 성격, 경호위해요소 등을 고려하여 처장이 지정한다.

조치 등 위해 방지에 필요한 안전활동을 할 수 있다.

- **직원의 임용 :** 경호실에 특정직 국가공무원인 1급부터 9급까지의 경호공무원과 기능직 국가공무원을 둔다. 다만, 필요하다고 인정할 때에는 경호공무원의 정원 중 일부를 일반직 국가공무원 또는 별정직 국가공무원으로 보할 수 있다. 경호공무원 각 계급의 직무의 종류별 명칭은 대통령령으로 정한다.

- **직원의 결격사유 :** 경호실 직원은 신체 건강하고 사상이 건전하며 품행이 바른 사람 중에서 임용하며, 다음에 해당하는 사람은 직원으로 임용될 수 없다.
  - 대한민국의 국적을 가지지 아니한 사람
  - 「국가공무원법」 제33조 각 호의 어느 하나에 해당하는 사람[6)]

- **직원의 임용권**
  - 5급 이상 경호공무원과 5급 상당 이상 별정직 국가공무원은 처장의 제청으로 대통령이 임용한다. 다만, 전보 · 휴직 · 겸임 · 파견 · 직위해제 · 정직

---

6) 국가공무원법 제33조(결격사유)

① 피성년후견인 또는 피한정후견인

② 파산선고를 받고 복권되지 아니한 자

③ 금고 이상의 실형을 선고받고 그 집행이 종료되거나 집행을 받지 아니하기로 확정된 후 5년이 지나지 아니한 자

④ 금고 이상의 형을 선고받고 그 집행유예 기간이 끝난 날부터 2년이 지나지 아니한 자

⑤ 금고 이상의 형의 선고유예를 받은 경우에 그 선고유예 기간 중에 있는 자

⑥의1 법원의 판결 또는 다른 법률에 따라 자격이 상실되거나 정지된 자

⑥의2 공무원으로 재직기간 중 직무와 관련하여 「형법」 제355조 및 제356조에 규정된 죄를 범한 자로서 300만원 이상의 벌금형을 선고받고 그 형이 확정된 후 2년이 지나지 아니한 자

⑥의3 「형법」 제303조 또는 「성폭력범죄의 처벌 등에 관한 특례법」 제10조에 규정된 죄를 범한 사람으로서 300만원 이상의 벌금형을 선고받고 그 형이 확정된 후 2년이 지나지 아니한 사람

⑦ 징계로 파면처분을 받은 때부터 5년이 지나지 아니한 자

⑧ 징계로 해임처분을 받은 때부터 3년이 지나지 아니한 자

및 복직에 관한 사항은 처장이 행한다.

- 처장은 경호공무원 및 별정직 국가공무원에 대하여 위의 모든 임용권을 가진다.
- 고위공무원단에 속하는 별정직공무원의 신규채용에 관하여는 「국가공무원법」 제28조의6제3항을 준용한다.

■ **비밀엄수**

- 소속공무원은 직무상 알게 된 비밀을 누설하여서는 아니 된다.[7)]
- 소속공무원은 경호실의 직무와 관련된 사항을 발간하거나 그 밖의 방법으로 공표하려면 미리 처장의 허가를 받아야 한다.

■ **국가기관 등에 대한 협조 요청:** 처장은 직무상 필요하다고 인정할 때에는 국가기관, 지방자치단체, 그 밖의 공공단체의 장에게 그 공무원 또는 직원의 파견이나 그 밖에 필요한 협조를 요청할 수 있다고 명시하고 있어 원활한 경호활용의 법적 근거를 가지고 있다.

■ **대통령경호안전대책위원회:** 경호대상에 대한 경호업무를 수행할 때에는 관계기관의 책임을 명확하게 하고, 협조를 원활하게 하기 위하여 경호실에 대통령경호안전대책위원회를 둔다. 위원회는 위원장과 부위원장 각 1명을 포함한 20명 이내의 위원으로 구성한다. 위원장은 처장이 되고, 부위원장은 차장이 되며, 위원은 대통령령으로 정하는 관계기관의 공무원이 된다.
위원회는 다음 각 호의 사항을 관장한다.

- 대통령 경호에 필요한 안전대책과 관련된 업무의 협의
- 대통령 경호와 관련된 첩보·정보의 교환 및 분석
- 그 밖에 제4조제1항 각 호의 경호대상에 대한 경호에 필요하다고 인정되

7) 퇴직한 사람과 원(原) 소속 기관에 복귀한 사람을 포함한다.

는 업무

위원회의 구성 및 운영에 필요한 사항은 대통령령으로 정한다.

(2) 경찰관직무집행법

- **경찰관의 직무 :** 경찰관은 범죄의 예방 · 진압 및 수사, 경비 · 요인경호 및 대간첩작전수행, 치안정보의 수집 · 작성 및 배포, 교통의 단속과 위해의 방지, 기타 공공의 안녕과 질서유지를 수행한다.

경찰 경호의 법적 근거

구 분	내 용
대통령 등의 경호에 관한 법률	제15조(국가기관 등에 대한 협조 요청) 「관계기관이란 경호실이 경호업무를 수행함에 있어 필요한 지원과 협조를 요청하는 국가기관, 지방자치단체 등을 말한다」라고 규정하여 경찰에서는 101경비단, 22경찰경호대, 202경비대를 파견
전직대통령 예우에 관한 법률	제6조 4항 1호 「전직대통령 또는 그 유족에게는 관계 법령에서 정하는 바에 따라 다음 각 호의 예우를 할 수 있다. 1호 필요한 기간의 경호 및 경비(警備)」라고 규정하여 필요한 기간의 경호 · 경비를 대통령경호처에서 담당하고, 10년 이후는 요인으로 보아 서울지방경찰청에서 담당
경찰관직무집행법	제2조 3호 「경비 · 요인경호 및 대간첩작전수행」이라고 규정
경호규칙	경찰청 훈령으로 법률적 성격은 아니지만 내부적으로 규정
경호편람	경찰청 훈령으로 법률적 성격은 아니지만 내부적으로 규정

2 요인보호

1) 경호대상

요인보호는 경찰청 차장을 위원장으로 국장급을 위원으로 하는 「요인보호 심의위원회」에서 테러로 인한 납치로 국가안전보장에 중대한 침해가 우려되는 인사를 매년초 선정한다. 「대통령 등의 경호에 관한 법률」, 「전직대통령 예우에 관한 법률」, 「경호규칙」에 의한 경호대상자는 전시(戰時)를 제외하고 이 규칙을 적용하지 않으며 경호대상은 내국인으로 제한한다.[8)]

- 안보관련 정부주요인사
- 안보관련 과학계 주요인사[9)]
- 기타 경찰청장이 보호활동이 필요하다고 인정한 인

2) 경호주체

- 평시 · 통합방위사태 상황: 경찰, 국방부
- 전시(戰時): 대통령경호처, 경찰, 국방부

---

8) 테러의 범위
  ① 국가안보를 위태롭게 할 목적으로 국가요인의 암살 · 납치 및 인질억류 · 감금
  ② 국가중요시설 또는 다중이 이용하는 시설의 폭파
  ③ 운항중인 항공기의 납치 · 점거 · 파괴
  ④ 선박억류 및 선박의 안전운항에 이해를 줄 수 있는 선박 · 항해시설의 파괴
  ⑤ 핵물질을 이용한 인명살상 또는 핵물질의 절도 · 강탈 등을 행하는 행위

9) 국방과학, 국가주요산업기술개발, 방위산업, 원자력, 기타 첨단고학분야의 교수, 과학자, 기술자, 계획자 등으로 국가안전보장에 지대한 공이 있는 자를 말한다.

3) 기타

- **요인보호의 책임 :** 지방경찰청장은 관할구역 내에서 이 규칙에 의한 요인보호 책임을 지며 근무지 소속기관장 책임 하에 보호활동을 실시한다.
- **평상시 보호활동 :** 평상시는 요인보호증 비급 · 관리, 요인보호카드작성 · 관리, 비상연락망을 구축하고, 보호대상자 숙소에 대하여는 지구대 및 파출소에서 책임구역 자율순찰을 실시한다.
- **특별보호활동 :** 테러첩보가 입수되면 소속기관장 및 본인의 요청에 따라 위협수준을 판단하고 위원회 결정에 따라 보호대상자의 숙소주변이나 근무지에 경찰관을 배치하여 순찰을 실시한다.

3 신변보호

1) 특정범죄신고자

(1) 경호대상

신변보호는 「특정범죄신고자 등 보호법」에 따라 특정범죄에 관한 형사절차에서 국민이 안심하고 자발적으로 협조할 수 있도록 그 범죄신고자나 그 친족 등이 범죄로부터 보복을 당할 우려가 있는 경우에 한하여 검찰이나 경찰과 같은 수사기관에서 보호함으로써 범죄로부터 사회를 방위하는 행위를 말한다.[10)11)12)]

10) 범죄신고 등이란 특정범죄에 관한 신고 · 진정(陳情) · 고소 · 고발 등 수사 단서의 제공, 진술 또는 증언이나 그 밖의 자료제출행위 및 범인검거를 위한 제보 또는 검거활동을 말한다.

11) 친족 등이란 범죄신고자 등의 친족 또는 동거인, 그 밖의 밀접한 인적 관계에 있는 자를 말

국가는 범죄신고자 등을 보호하고, 이들에 대한 보복범죄를 예방하기 위한 법적·제도적 장치를 마련하고, 필요한 재원을 조달하여야 하며 아래의 특정범죄에 관한 범죄신고자나 그 친족이 보복을 당할 우려가 있는 경우 그 신고자는 신변보호의 대상이 된다.

- 「특정강력범죄의 처벌에 관한 특례법」 제2조의 범죄
- 「마약류 불법거래 방지에 관한 특례법」 제2조제2항의 범죄
- 「폭력행위 등 처벌에 관한 법률」 제4조 및 「특정범죄 가중처벌 등에 관한 법률」 제5조의8의 단체구성원의 그 단체의 활동과 관련된 범죄
- 「국제형사재판소 관할 범죄의 처벌 등에 관한 법률」 제8조부터 제16조까지의 죄
- 「특정범죄 가중처벌 등에 관한 법률」 제5조의9의 죄

특정범죄에 관한 형사절차에서 국민이 안심하고 자발적으로 협조할 수 있도록 그 범죄신고자 등을 보호함으로써 범죄로부터 사회를 방위(防衛)하는 데에 이바지함을 목적으로 신변보호요청은 다음과 같이 이루어진다.

- 검사 또는 경찰서장은 범죄신고자나 그 친족 등이 보복을 당할 우려가 있는 경우에는 일정기간 동안 당해 검찰청 또는 경찰서 소속 공무원으로 하여금 신변안전을 위하여 필요한 조치를 하게 하거나 대상자의 주거지 또는 현재지를 관할하는 경찰서장에게 신변안전조치를 취하도록 요청할 수 있다.
- 판사는 공판준비 또는 공판진행과정에서 검사에게 위의 규정에 의한 조치를 취하도록 요청할 수 있다.

한다.

12) 보복을 당할 우려가 있는 경우란 범죄신고 등과 관련하여 생명 또는 신체에 대한 위해(危害)나 재산 등에 대한 피해를 입거나 입을 우려가 있다고 인정할 만한 충분한 이유가 있는 경우를 말한다.

- 범죄신고자 그 법정대리인 또는 친족은 판사·검사 또는 주거지나 현재지를 관할하는 경찰서장에게 위의 규정에 의한 조치를 취하여 줄 것을 신청할 수 있다.
- 경찰서장이 신변안전조치를 취한 경우에는 대통령령이 정하는 바에 의하여 그 사실을 검사에게 통보하여야 한다.
- 위 규정에 의한 신변안전조치의 종류와 절차에 관하여 필요한 사항은 대통령령으로 정한다.

(2) 경호주체

- 특정범죄신고자 : 검찰, 경찰

2) 북한이탈주민

(1) 경호대상

군사분계선 이북지역에서 벗어나 대한민국의 보호를 받으려는 군사분계선 이북지역의 주민이 보복 및 범죄행위로부터 대한민국의 보호를 받고자 의사를 표시한 북한이탈주민을 대상으로 한다.[13)]

- 북한이탈주민이란 군사분계선 이북지역에 주소, 직계가족, 배우자, 직장 등을 두고 있는 사람으로서 북한을 벗어난 후 외국 국적을 취득하지 아니한 사람을 말한다.
- 보호대상자란 이 법에 따라 보호 및 지원을 받는 북한이탈주민을 말한다.

---

13) 주민이란 용어 사용은 대한민국 헌법 제3조 대한민국의 영토는 한반도와 그 부속도서로 하며 북한은 국가가 아닌 우리 영토를 불법으로 점거하고 있는 괴뢰집단이다.

북한이탈주민의 보호신청은 재외공관 기타 행정기관의 장에게 보호를 직접 신청하여야 한다. 다만, 직접 신청하기 어려운 사유가 있는 경우에는 그러하지 아니하다. 보호신청을 받은 재외공관장 등은 지체 없이 그 사실을 소속 중앙행정기관의 장을 거쳐 통일부장관과 국가정보원장에게 통보하여야 한다. 통보를 받은 국가정보원장은 임시보호 기타 필요한 조치를 취한 후 지체 없이 그 결과를 통일부장관에게 통보하여야 한다.

통일부장관은 규정에 의한 통보를 받은 때에는 협의회의 심의를 거쳐 보호여부를 결정한다. 다만, 국가안전보장에 현저한 영향을 끼칠 우려가 있는 자의 경우에는 국가정보원장이 그 보호여부를 결정하고, 그 결과를 지체 없이 통일부장관과 보호신청자에게 통보 또는 통지한다.

보호대상자에 대한 보호 및 지원의 기준은 연령 · 세대구성 · 학력 · 경력 · 자활능력 · 건강상태 및 재산을 고려하여 합리적으로 정하여야 하며 보호대상자에 대한 정착지원시설에서의 보호기간은 1년 이내로 하고, 거주지에서의 보호기간은 5년으로 한다. 다만, 특별한 사유가 있는 경우에는 제6조의 규정에 의한 북한이탈주민대책협의회의 심의를 거쳐 그 기간을 단축 또는 연장할 수 있다.

(2) 경호주체

- 북한이탈주민: 국가정보원, 경찰[14)]

14) 일정기간까지 국가정보원에서 보호하다가 경찰로 이관된다. 대표적인 인물로는 황장엽, 김덕홍 등이 있다.

4 민간경호

민간경호는 형사사법체계가 영미법계와 대륙법계의 영향에 따라 설명된다. 자경주의 전통이 강한 영미법계중심의 국가에서는 공권력 이전에 민간경호에 관한 역사를 가지고 있으며 국가치안활동에 있어서 경찰과 함께 민간경비의 실효성을 인정하고 공동체로서의 협력적 입장이 강하다. 반면 대륙법계에서는 국가치안은 국가공권력 고유의 업무로 인식하는 입장이 강하다.[15)16)17)]

우리나라는 대륙법계의 영향의 형사사법체계를 가지고 있어 국민의 의사에

---

15) 영미법계
① 업무핵심: 국민 개인적 보호이익
② 업무범위: 일반국민의 생명, 재산, 사회질서 유지
③ 국가체제: 지방분권적
④ 행정이념: 민주성, 자치성, 중립성
⑤ 경찰체제: 자치경찰
⑥ 특징: 경찰과 같은 국가공권력 뿐만 아니라 민간경호도 경비업무의 주체로 인정

16) 대륙법계
① 업무핵심: 국민 개인적 보호이익과 국가체제유지임무
② 업무범위: 일반국민의 생명, 재산, 사회질서 유지 그리고 국가행정
③ 국가체제: 중앙집권적
④ 행정이념: 능률성, 합법성
⑤ 경찰체제: 국가경찰
⑥ 특징: 경호 및 경비업무는 국가공권력 고유업무로 인식

17) 민간경호의 이론적 근거
① 민영화 이론은 서비스의 내부 공급에서 외부공급으로 전환이 이루어지고, 이 과정에서 경쟁개념을 도입하여 보다 효율적인 서비스를 제공한다는 이론
② 수익자부담 이론은 경찰은 공권력 작용 차원의 역할과 기능으로 한정하고 개인 및 조직 등의 안전과 보호는 그 이익의 수혜를 받는 스스로가 해결해야 한다는 이론
③ 공동화 이론은 경찰과 민간경비가 각각 미치는 못하여 생겨난 공동(Vacuum)상태를 경찰과 민간경비가 상호 보완하여 가며 보충해준다는 이론
④ 경제환원론적 이론은 경제성장과 범죄의 증가 밀접한 관계를 가지고 있으며 이에 따라 민간경비의 수요가 확장된다는 이론

기초한 자력구제를 금지하고 있으며 긴급피난과 정당방위 등을 제외한 실력의 발동을 금지하고 있다.[18)]

1) 경호대상

민간경비가 도입된 시기는 1950년 한국(6.25)전쟁 이후 미군이 주둔하면서부터 주한미군에의 군납경비를 통해 민간경비제도가 도입되었다. 이후 급속한 경제성장 속에서 각종 범죄행위의 증가는 국가공권력만으로는 감당하기 힘든 사회적 문제가 되었고 따라서 민간경비를 통하여 치안을 확보하고자 하였으며 민간경호의 대상은 비용을 지불하는 의뢰인으로 누구나 경호대상이 될 수 있다.

2) 경호주체

민간경비업을 하고자 하는 법인은 경비업무를 특정하여 소재지를 관할하는 지방경찰청장의 허가를 받아야 하며, 경비업무를 변경하는 경우에도 이와 같다.[19)]

경비업 허가의 유효기간은 허가받은 날부터 5년으로 하며, 규정에 의한 유효기간이 만료된 후 계속하여 경비업을 하고자 하는 법인은 갱신허가를 받아야 한다.[20)]

- 시설경비업무 : 경비를 필요로 하는 시설 및 장소에서의 도난·화재 그 밖의 혼잡 등으로 인한 위험발생을 방지하는 업무

---

18) 민간경호의 개념 구분
① 협의적 개념: 국민의 생명과 재산보호 그리고 질서유지를 위한 범죄예방
② 광의적 개념: 방범, 방재, 방화를 포함한 모든 활동

19) 규정에 의한 허가를 받고자 하는 법인은 대통령령이 정하는 경비인력·자본금·시설 및 장비를 갖추어야 한다.

20) 경비업법은 경비업의 육성 및 발전과 그 체계적 관리에 관하여 필요한 사항을 정함으로써 경비업의 건전한 운영에 이바지함을 목적으로 한다.

- 호송경비업무 : 운반 중에 있는 현금 · 유가증권 · 귀금속 · 상품 그 밖의 물건에 대하여 도난 · 화재 등 위험발생을 방지하는 업무
- 기계경비업무 : 경비대상시설에 설치한 기기에 의하여 감지 · 송신된 정보를 그 경비대상시설외의 장소에 설치한 관제시설의 기기로 수신하여 도난 · 화재 등 위험발생을 방지하는 업무
- 특수경비업무 : 공항 등 대통령령이 정하는 국가중요시설의 경비 및 도난 · 화재 그 밖의 위험발생을 방지하는 업무

국가경호와 개인경호의 정리

구분	국가			민간
명칭	요인경호(要人警護)	요인보호(要人保護)	신변보호(身邊保護)	민간경호
내용	국가기관에서 국내·외 요인 중 관계법령에 따라 사전에 경호대상자로 분류하여 신체·재산에 대해 행하여지는 일체의 보호활동	적의 침투·도발이나 그 위협에 있어서 국가총력전의 개념에 입각하여 납치, 테러 등에 의해 국가안전보장에 중대한 침해가 우려되는 인사 중 경찰청 "요인보호 심의위원회"에서 선정된 대상자의 신변에 대한 일체 보호활동	특정범죄신고자 등이나 북한이탈주민 중 관계자에 의해 보복을 당할 우려가 있는 경우 범죄 등 각종 위해로부터 신체를 보호하는 일체의 활동	국민의 생활소득 증가와 치안수요의 증가로 개인의 신체 및 생명을 보호하기 위하여 경호대상자 스스로 경비업체에 의뢰하여 제공받는 신변보호활동
대상	국내: 갑·을·병호 국외: 외빈 A~F등급	안보관련 정부·과학계 주요인사로 국무위원, 청와대 수석비서관, 국회 부의장, 정당 대표, 국회 상임위원장(안보관련), 서울시장, 검찰총장, 교수 등	특정범죄신고자 및 친족 등 북한이탈주민 중 국가안전보장에 현저한 영향을 끼칠 우려가 있어 국가정보원장이 보호를 결정한 자	경비업체에 경호제공을 의뢰한 특정인
담당 기관	대통령경호처: 갑호, 외빈 (A-D등급) 경찰: 을·병호, 외빈 (E·F등급)	경찰 국방부(국방부 대상자)	특정범죄신고자 : (검찰·경찰) 북한이탈주민 : (국정원·경찰)	신변보호업무를 특정하여 지방경찰청장의 허가를 받은 경비업체

5 국가경호 법제의 방향

국제적으로 테러가 증가와 한반도의 불안한 정세는 국가 주요인사 또한 테러의 위협이 됨에 따라 현재 경호관계법을 정비하여 체계적이고 전문적인 경호의 법적 근거를 마련하고자 하였다.

1) 「요인경호법」안[21]

(1) 경호대상

국내경호대상자는 국회의장, 대법원장, 국무총리, 헌법재판소장, 대통령선거후보자, 전당대회에서 대통령선거후보자로 선출된 자, 정당의 요청이 있는 주요 정당대표자와 테러가 우려되는 요인으로 한다.

국외경호대상자는 행정수반이 아닌 총리, 왕족, 부통령, 부총리와 그 배우자와 전직대통령, 전직총리, 국제기구 · 국제회의 중요인사, 중앙정부의 장관급 이상 중요인사로 한다.

그 밖에 경찰청장이 경호가 필요하다고 인정한 사람, 주요 정당과 주요요인의 범위, 요청에 관하여는 대통령령으로 정한다.

(2) 경호주체

현행 「경찰관직무집행법」 제2조의 요인경호를 경찰의 직무로 규정하고 있고, 이와 관련된 구체적인 사항은 경찰청훈령인 경호규칙에 의해 운영되고 있는데 경찰청훈령은 경찰청 내부에서 운용되는 지침으로써 책임의 소재가 불분명하고 훈령에 대한 해석이 경찰청장에 의해 자의적으로 이루어질 가능성

21) 제17대 국회(2004~2008년), 2006.11.28. 김정훈 의원 등 32인 발의

이 있다.

따라서 경찰이 주체가 되는 법률적 근거를 마련하여 경호활동을 실시하며 경찰상황본부를 설치하여 지방경찰청장 또는 경찰서장은 필요시 이를 운용할 수 있다.[22)]

「요인경호법」 안에서는 경찰경호업무의 근거를 법률로 격상하여 경호업무에 있어서 경찰의 책임성과 업무의 명확성을 제고하고, 특히 잠재적 대선후보자와 같은 국가요인을 테러로 부터 보호하기 위해 경찰의 명시적 경호대상으로 규정한 것으로, 이들 요인에 대한 경호 관련 비용은 이미 경찰청 예산에 반영되어 집행중이므로, 법안 발의로 인한 추가적 비용이 크게 발생하지 않는다고 하였다.

2) 「대통령경호실법」 일부개정안[23)]

(1) 경호대상

국제적으로 테러가 증가하고 국가 주요인사에 대한 위해의 우려가 증대되

22) 경찰청장은 경호업무상 필요한 경우 국가기관 · 지방자치단체 기타 공공단체의 장에게 필요한 협조를 요청할 수 있도록 한다. 경호업무와 관련, 비밀엄수 및 직권남용 금지를 명문화하고 위반자에 대한 벌칙을 규정한다. 경호활동의 종류, 수준, 기간, 책임 및 기타 경호업무와 관련하여 필요한 사항은 대통령령으로 정하도록 한다. 국무총리, 국회의장, 대법원장, 헌법재판소장, 대통령선거후보자, 외빈경호대 등의 전담경호대는 수행경호 임무를 담당하고, 지방경찰청장 또는 경찰서장은 관할구역 내에서 협조하여 경호를 수행한다. 경찰청장은 경호업무와 관련하여 관할구역에 관계없이 특정 지방경찰청장에게 병력지원 및 교통관리, 기동경호 등 임무수행을 명할 수 있으며, 경호의 책임에 관하여는 지방경찰청장 또는 경찰서장은 경찰청장의 경호지침에 의거 관할구역 안에서 경호에 관한 책임을 진다. 타 기관과의 협조 등은 경찰청장이 경호업무상 필요하다고 인정할 때에 국가기관 · 지방자치단체 기타 공공단체의 장에게 필요한 협조요청을 할 수 있으며, 지방경찰청장 또는 경찰서장은 군작전 지역 또는 군 작전지역과 접하는 지역의 경호행사에 대해서는 군부대 지휘관과 협조하여 책임구역을 설정할 수 있다. 경찰공무원 및 의무경찰은 퇴직 후 경호업무와 관련하여 알게 된 비밀을 누설하여서는 아니 되며, 경찰공무원은 경호업무를 수행함에 있어 직권을 남용하여서는 아니 된다.

23) 제17대 국회(2004~2008년) 2006.12.6. 강성종 의원 등 20인

고 있어 대통령경호처의 경호대상을 대통령선거후보자, 국무총리 까지 확대하고 국가 주요인사에 대한 경호를 대통령경호처로 일원화함으로써 경호의 전문성, 효율성을 제고한다.[24)]

(2) 경호주체

대통령경호처가 경찰청 훈령에 근거하여 경찰에서 담당하고 있는 국무총리에 대한 경호와 국가 주요인사에 대한 경호까지 포함하여 경호기관을 일원화하여 전문성과 효율성을 제고한다.

3) 대통령 경호기관에 대한 고찰

(1) 대통령경호업무 현황

지난 2017년 문재인 정부의 대선공약으로 대통령 직속경호기관인 기존의 대통령경호실을 폐지하고 경찰청 산하 대통령 경호국으로 업무를 이관하려고 시도한 바 있다.

세계 각국의 국가원수 경호조직은 제각각의 특성을 지니고 있으며 그 주체도 경찰과 군 그리고 정보기관으로 구분 되어 있으며 현재 미국을 제외한 G7 국가들은 모두 경찰이 주도적으로 경호체제를 유지하고 있다.[25)]

대통령과 같은 국가원수 경호기관의 차이는 국가별로 정치제도, 통치형태, 법률형태, 사회제도, 의식수준, 국민경제, 관습 등에 따라 모두 다르다. 한국

24) 주요인사는 국회의장 또는 국회 교섭단체대표의원의 요청으로 하며 대통령선거후보자에 대한 경호는 선거일 전 120일간 제공할 수 있도록 한다.

25) 이상원, 임준태(2005). 경찰경호시스템의 발전방안에 관한 연구. 한국공안행정학회보. 20. 283-338

과 유사한 미국의 경우 대통령 경호는 국토안보부(DHS: United States Department of Homeland Security)에서 맡고 있는데 이곳은 미국의 국가 안보를 총괄하는 기구이며 대통령경호를 전담하는 비밀경호국을 두고 있다.

반면 영국에서는 경호업무는 수도경찰청 특별작전국 산하 보안경호부(Protection and Security)에서 맡고 경호단(Protection Command)과 경비단 (Security Command), 그리고 대테러단(Counter Terrorism Command)이 설치되어 있으며, 그 아래에는 7개의 세부적인 부서들이 설치될 만큼 업무 범위가 다양하지만 통합된 교육훈련과 법적근거를 적용하고 있다.[26)]

현재 주요 선진국 중 경찰과 분리된 경호조직을 둔 곳은 미국뿐인데, 이 역시 대통령 직속기구가 아닌 정부 국토안보부 소속이며 관리자의 직급도 차관보급으로 한국의 대통령직속 경호기관이 장관급 혹은 차관급인 것에 비해 낮다.[27)]

따라서 한국의 대통령경호도 경찰청에 대통령 경호국을 신설하여 업무를 이관하는 정책은 주요 선진국과 비교하여 논의 될 수도 있다.

(2) 논의점

대한민국의 헌법(憲法)상 대통령의 지위는 국가원수, 행정부의 수반, 국군통수권자, 선전포고와 강화, 외국과의 조약체결 · 비준, 외교사절의 신임, 접수 및 파견 등의 권한을 갖는 대통령중심제 국가이다.

이와 같이 대통령중심제 국가에서는 대통령이 국가원수로서 국군 통수권자

---

26) (1)특별경호과(Special Protection) (2)왕실경호과(Royalty Protection) (3)외교사절 경호 및 외국공관 경비과(Diplomatic Protection) (4)하원청사 경비과(Palace of Westminster), (5)공항경비과(Aviation Security), (6)대테러 보호 경비과(Counter Terrorism Protective Security Command), (7)대테러단(Counter Terrorism Command) 이다.

27) G7 국가에서 대통령 직속 경호기관을 두고 있는 국가는 없다. 대통령경호처는 대통령경호와 관련된 경찰조직(101경비단, 22경찰경호대)까지 지휘하려다 보니 무리하게 직급을 높이게 되었다는 의견이 많다.

이면서 행정부의 수반으로의 역할을 모두하고 있기 때문에 내각책임제나 이원집정부제에 비하면 그 역할에 대한 중요성은 크다고 할 수 있다. 따라서 대통령중심제 국가에서는 대통령 직속경호기관을 설치하여 경찰 및 군조직과 함께 중첩된 경호를 통하여 보다 안전한 경호환경을 구축하는 것이 당연할 것이다.

반면 영국, 독일, 프랑스, 일본과 같은 내각책임제 국가에서 국왕은 상징적 존재로 현실정치의 최고지도자 총리이다. 여기서 대통령과 총리 선출의 가장 큰 차이점은 대통령은 국민이 직접투표로 선출하고 총리는 국회에서 선출된다는 점이다. 따라서 대통령이 암살된다면 새로운 대통령의 선출까지 상당한 시간이 걸리지만 가령 총리가 암살될 경우에는 의회에서 선출하기 때문에 평균 2주 정도의 기간이면 신임 총리의 선출이 가능하다는 것이다. 따라서 대통령에 비해 총리는 경호의 비중은 비교적 높지 않을 수 있다.

따라서 한국이 대통령중심제의 통치형태를 유지하고 있는 이상 대통령 개인의 안전 도모의 목적이 아닌 국가안보의 측면에서 서로 다른 기관에 의해서 중첩되게 이루어지는 경호체계는 지금의 법체계와 같이 유지될 필요가 있다.

정권 교체기마다 대통령경호를 전담하는 대통령경호실을 폐지하고 경찰청 산하 대통령 경호국을 신설하여 경호업무를 이관하려고 시도한 바 있는데, 현재 미국을 제외한 G7국가들은 모두 경찰이 주도적으로 경호체제를 유지하고 있어 한국의 대통령경호도 경찰청으로 업무를 이관하는 정책이 논의될 수 있으나 다음과 같은 현실에 집중할 필요가 있다.

첫째, 현재 대통령경호는 거리를 기준으로 하나의 목표물에 대하여 서로 다른 경호기관이 중첩된 경호업무를 수행하고 있다. (1)근접경호(Inner Ring)구역에서 권총의 유효사거리 및 수류탄 투척거리를 기준으로 대통령 경호처, (2)중간경호(Middle Ring)구역은 소총의 유효사거리를 기준으로 경찰, (3)외곽경호(Outer Ring)는 소구경 곡사화기의 유효사거리를 기준으로 군이 전담하고 있는 체계이다. 그런데 대통령 경호처를 폐지하고 국가원수의 경호업무를 경찰로 이관하게 된다면 중첩된 대통령 경호기관의 계층성 원리에 공백과 모순이 발생하게 된다.

둘째, 현재 대통령경호는 대통령 경호처에서「대통령경호안전대책위원회」의 법적 근거에 따라 경호유관기관의 조정의 역할을 하고 있고 이는 대통령 경호의 핵심적 부분이다. 그런데 경찰청이 대통령경호의 컨트롤타워가 된다면 대통령경호작전의 특성상 군사적, 외교적인 부분과 국내의 기타 장관급 국가기관의 지휘통제에 대한 문제도 고려해볼 필요가 있다.

셋째, 현재 한국은 북한과의 휴전 중으로 앞서 설명한 영국, 독일, 프랑스, 일본과는 안보환경에 큰 차이가 있다. 실제 북한의 특수부대 및 공작원은 한국의 대통령 암살을 여러 차례 실행한바 있으며, 독재 권력을 유지에서 발생하는 내부의 문제를 대남테러를 통해 잠재우려는 경향이 있다.

넷째, 대통령경호업무는 '육탄경호의 원칙', '자기희생의 원칙' 등이 기반이 되어야하는데「경찰관직무집행법」에 따르면 경찰관의 직무에서는 자기생명을 담보로 직무를 수행하지 않고 있다는 법률적 성격의 차이가 크다는 점이다.

6 민간경호 법제의 방향

1) 민간경호의 제도의 도입

우리의 현대적 경호는 1950년대 미 군납 형태의 제한적 용역경비에서 시작되었다. 그 후 1970년대 76년 용역경비업법 제정으로 민간경호영역의 기초를 확립하였고, 1980년대 86아시안게임, 88서울올림픽을 계기로 전자산업의 발전과 함께 민간경호가 발전하는 계기가 되었다.

우리나라의 민간경호는 국민의 생활소득 증가와 안전에 대한 의식향상으로 개인의 생명·신체·재산을 보호하기 위하여 개인 스스로가 자신을 지키기 위한 신변보호활동이 중요시됨에 따라 민간경호 역시 그 중요성이 증대하고 있는데, 우리나라에서는 민간경호는 경호대상자의 요청과 비용부담으로 이루어지고 있고 「경비업법」에 의거하여 이루어지고 있는 것이 일반적이다. 또한 민간경호는 주체가 개인 또는 법인으로 이윤추구를 경호활동의 주목적으로 하며, 경호대상자의 비용부담으로 경호업무가 제공된다. 또한 경호원에게 경호업무 수행을 위한 특별한 사법권한이 없고, 많은 인원을 운용하기가 어려워 경호활동 영역이 제한적이라는 특징이 있다.[28]

2) 민간경호의 시장의 한계

최근 들어 경찰은 인력·장비와 같은 한계로 인해 다양한 치안수요에 부응하지 못하여 치안공백을 보여주고 있다. 이에 따라 민간경호의 필요성은 더욱 강조되고 있는 상황이다.

그러나 민간경호산업은 양적증대에만 치우친 결과 그 성장세가 둔화되기 시작하였다. 지금의 성장 둔화에 가장 큰 원인은 바로 질적 향상을 위한 노력이 부족하였던 것으로 민간경호서비스에 높은 비용으로 지불하지 않으려는 현상이 우수한 인적 자원이 민간경호 시장으로 유입되지 않게 된것에서 그 원인을 찾을 수 있다.

이처럼 민간경호업체에서는 우수한 인력을 확보하는 데에 어려움을 겪고 있는데, 그 이유는 민간경호원에 대한 저임금과 신분의 불확실성에 따른 것이다. 또한 대부분의 민간경호업체의 영세성은 민간경호에 대한 신뢰성을 저해하고 사회적으로 낮은 인식을 갖도록 만들었다.

28) 정태황. (2004). 경호실무론. 백산출판사.

3) 민간경비의 인력풀(Pool)제도

민간경호시장이 가지고 있는 한계점을 해결하기 위하여 인력풀(Pool)제도 도입을 통해 민간경호인력의 확보와 전문적 운용에 미치는 것들에 대하여 살펴보고, 민간경호업의 긍정적 발전을 위하여 인력풀제도를 정책적으로 대안으로 제안하는 것이다. 인력풀제도란 필요한 경호원들을 먼저 확보해 놓은 후에 인력 충원이 필요할 때 미리 확보된 사람들의 리스트 중에서 뽑아 현장에서 겪는 애로사항을 전문가를 활용하여 해결할 수 있도록 전문인력을 데이터베이스화하는 제도를 말한다.

이것은 수시로 취업 희망자의 입사지원을 접수하여 이력서를 등록하고 이를 토대로 인력은행을 만들고 인력충원이 필요해지면 지원자의 입사 희망시기, 희망부서, 적성 등을 고려해서 인재를 충원하는 방식이다. 이에 따라 인력충원이 필요할 때 자동적으로 입사의지를 타진해서 입사 및 부서 배치를 하게 된다. 그러므로 인재수급의 효율화와 인재발굴의 폭을 확대할 수 있으며 적성에 맞지 않아 조기 퇴사하는 사람의 수도 줄일 수 있다. 또한 입사지원자는 입사기회가 한 번에 끝나지 않고 취업기회를 확대할 수 있다는 장점이 있다.

4) 국가경호와 민간경호의 협력

민간경호가 어떠한 발전단계에 있든지 현재 우리 사회에서 민간경호가 치안의 한 축을 담당하고 있다는 것은 부정할 수 없는 사실이다. 그러므로 사회 전체의 치안역량을 향상시키기 위해서는 치안을 담당하는 주요 구성원인 경찰과 민간경호분야가 서로를 잘 이해하고 협력해야 할 필요가 있다.[29] 또한

29) 이주락. (2009). 민간경호의 역할에 대한 경찰관의 인식연구. 「한국경호경호학회지」, 18: 101-118.

현대사회에서는 경찰만으로는 사회의 안전을 담보할 수 없게 되었고, 민간영역과의 공조는 필수적으로 요청되는 사안이다. 경찰의 한계 속에서 민간경호업체와 시민들의 관계 확장은 계속되고 있다. 때문에 이들은 사회안전망 구축을 위한 삼각대로서 파트너십을 발휘해야만 한다.[30)]

민간경호와 공경호의 상호 협력의 필요성은 첫째, 법제적 원인이며 이는 민간경비의 법적 근거 확충이 가장 크다. 둘째, 운용적 원인은 (1)범죄예방, (2)업무협조로 구분된다. 셋째, 심리적 원인은 상호소통이 가장 크다.

민간경호에서 민간경호원의 법적 한계가 업무적으로 어떠한 문제점이 될 수 있는지 알 수 있었다. 민간경호는 공경비와 상호 협력적으로 업무를 수행하여야 한다. 이론적 배경으로는 공동화 이론을 근거로 할 수 있다. 민간경호는 업무를 수행에 있어서 여러 가지로 법적 제한을 받고 있기 때문에 효과적인 업무수행을 위해서는 국가경호와 협력하여야 최대의 효과를 볼 수 있다.[31)]

30) 김진혁. (2009). 민간영역과의 공조에 의한 경호경찰 효율화에 관한 연구. 「한국경호경비학회지」, 20: 119-140.

31) 사회의 다원화와 분화에서 초래되는 사회적 긴장과 갈등 그리고 대립 등에 의한 무질서나 범죄의 증가에 대응하기 위해서는 경찰력이 증가하여야 하지만, 경찰력의 증가는 현실적으로 통상 이러한 사회적 요구를 따라가지 못하고 있다. 그 결과 생겨나는 공백을 메우기 위해서는 민간경호가 발전한다는 이론이다. 이 시각에서는 경찰과 민간경호는 수직적 관계가 아니라 상호보완적, 역할분담적 관계를 갖는다.

Chapter 05 경호의 환경

1 안보환경의 변화

과거부터 한반도는 주변강대국과 인접하고 있는 지리적 특성으로 조선시대(1392-1897)까지는 대륙인 중국의 침략 위협이 주를 이루었고 구한말(1897-1910), 일제강점기(1910-1945)까지는 근대화에 앞선 일본의 침략으로 안보가 무너지고 주권을 빼앗기는 경험한 바 있다. 이후 일본은 미국과 태평양전쟁(1941.12-1945.9)에서 패하여 일본의 식민통치를 받고 있던 한반도와 중국 그리고 동남아시아권 국가는 해방을 맞이하였지만 한반도는 얄타 회담(Yalta Conference)의 합의에 따라 소련과 미국의 영향권에 들어가 북위 38도선을 경계로 남쪽에는 미국과 UN의 지원으로 자유민주주의 정권인 대한민국 정부가, 북쪽에는 소련의 지원 아래 공산정권인 북한이 수립되었다.[1)]

하지만 1950년 1월 미국 트루먼(Harry S. Truman)정부에서 미국의 극동방어

1) 얄타 회담(Yalta Conference)은 당시 소련의 흑해 연안에 있는 크림반도에서 미국, 영국, 소련이 모여 2차 대전의 패전과 그 관리에 대하여 의견을 나눈 회담이다. 해방 이후 정치적 혼란과 무질서 속에 있던 한반도는 얄타 회담(Yalta Conference:1945년 2월)의 비공식적 합의에 따라 소련과 미국의 영향권에 들어가 한반도의 중앙으로 관통하는 북위 38도선을 경계로 남쪽에는 미국의 원조 아래 대한민국 정부가, 북쪽에는 소련의 원조 아래 북한정권이 성립되었다. 이념적으로 미국과 소련의 군정은 각각 자본주의, 공산주의 체제를 남북에 설립하였다. 소련은 대한민국 임시정부를 승인하지 않고 북조선인민위원회를 승인하였고 미국은 맥아더 포고령에 따라 북한정권을 부정하였다. 이 기간 동안 남한에서는 수많은 정치 단체들이 조직되어 혼란 상태였고, 좌익과 우익이 심각하게 대립하였다.

선인으로 한국을 제외한 애치슨 라인 선언(Acheson line declaration)[2]을 발표하고 주한미군이 철수하자 북한은 공산화를 목적으로 한국을 침략하였으며[3], 중국은 인민해방군 약 30만명을 북한에 지원하여 한국의 통일 기회를 막았다.

여기서 중요한 핵심은 이 전쟁을 기점으로 긴 세월 일본 제국주의 침략에 항일 투쟁으로 함께 힘을 모았던 중국은 적국이 된 반면 미국을 비롯한 UN군은 대구·부산지역을 제외하고 전 국토가 북한공산군에 점령당한 최악의 안보위기에서 자유민주주의 수호를 위해 기꺼이 남의 나라전쟁에 참가하여 자국의 젊은 장병의 희생을 무릅쓴 미국은 피를 나눈 동맹국이 되었다는 것이다. 또 이와 같은 공산진영의 침략의 전쟁억지를 목적으로 주한미군과 UN군이 주둔하게 되었다는 점이다.[4]

한국에게 있어서 주적의 대상은 (1)조선왕조 500년간 조선을 조공국으로 삼았던 중국 (2)제국주의 침략과 식민지배의 일본 (3)6.25 침략전쟁을 일으킨 북한과 이를 지원한 중국으로 국익의 관계에 따라 바뀌어 왔다는 것이며, 이러한 주적의 개념은 앞으로도 현실적인 기준으로 바뀌게 될 것이란 것이다.[5]

---

2) 1950년 1월 미국의 국무장관 딘 애치슨(1893-1971)이 선언한 미국의 극동방위선으로 일본까지 포함되고 대한민국은 제외되었으며 주한미군이 철수하게 되었다.

3) 조소군사비밀협정은 북한과 소련간의 경제적 및 군사적 협조에 관한 협정으로 북한 대표단은 모스크바를 방문하여 스탈린과 회담을 갖고 경제문화교류 협정을 비롯한 기타 부속 비밀협정을 체결하였는데, 공개된 외교자료에 따르면 북한과 소련 사이에 무력에 의한 남북통일 문제가 논의되었다고 밝혀진바 있다.

4) 한미상호방위조약(Mutual Defense Treaty between the Republic of Korea and the United States of America)은 1953년 10월 1일 체결되고 1954년 11월 18일 조약 제34호로 발효된 대한민국과 미국간의 상호방위조약이다. 이승만 대통령은 미국 대사와 회동을 하면서 한미상호방위조약의 필요성을 강조하였다. 휴전에 앞서 국가 안보를 위해 미국에 상호 방위 조약을 요구했지만 미국의 반응은 냉담하였다. 미국은 고립주의 전통이 강했고 당시만 해도 미국과 양자 상호방위조약을 맺었던 나라는 필리핀 밖에 없었으며, 현재까지도 대한민국 외에 영국, 일본, 필리핀 밖에 없었다. 영국의 경우 미국의 핵기술을 제공하기 위한 조약이었고, 일본은 재무장 금지와 맞물려 있는 조약이다.

그런데 동북아시아권 국제안보관계에서 주목할 점은 미국과 일본의 관계이다. 양국은 태평양전쟁(1941-1945)을 치렀으며 아직까지 그 희생자의 가족이 생존하지만 서로의 이해관계는 또 다른 동맹관계 형성하게 되었다는 점이다. 한국 또한 북한과의 전쟁이라는 위협은 한미동맹이라는 확실한 안보의 틀에서 미국의 동북아시아 최대의 동맹국인 일본과의 군사적 동맹을 맺고 있는 것도 지금의 안보환경에서 북한과 중국의 위협에 대응하는 이해관계에 따른 전략적 선택으로 일본과의 군사훈련은 전시 연합군사작전에서 절실히 요구되고 있다는 점을 냉정하게 인지 할 필요가 있다.

2 테러리즘의 개념 형성

테러(Terror)라는 단어는 커다란 공포의 뜻을 지니며 정치적, 종교적 원인에서 시작된 것이냐 아니냐 하는 기준에서 테러의 정의를 구분할 수 있으며 정치적, 종교적으로 적대적 관계에 있는 국가에 대한 폭력수단으로 불특정다수를 공포심에 빠뜨리는 행위를 테러라 한다.[6)]

5) 북한의 3대 세습과정에서 주민들의 어려운 경제상황과 체제에 대한 불만을 불식시키기 위한 목적2010년 3월 26일 대한민국 백령도 남서쪽 약 1km 지점에서 포항급 초계함인 PCC-772 천안함이 훈련 도중 북한의 어뢰공격으로 선체가 두동강나며 침몰 인근의 고속정, 해경 함정에 의해 58명이 현장에서 구조되었으나 46명이 전사하였다. 또한 북한 김정은 후계 구도를 더욱 확립하기 위해 2010년 11월 23일 북한이 대한민국 인천광역시 옹진군 연평면의 대연평도를 향해 포격을 가한 사건으로 이에 해병대는 즉시 대응사격을 가하였으며 국군은 서해 5도에 진돗개 하나를 발령한 뒤, 곧 전군으로 진돗개 하나를 확대 발령하였다. 이 사건으로 인해 전사자 2명(서정우 하사, 문광욱 일병), 중경상 16명, 민간인 사망자 2명(김치백, 배복철), 민간인 중경상 3명의 인명 피해와 각종 시설 및 가옥 파괴로 재산 피해 발생하였다.

6) 테러 또는 테러리즘이란 원래 사선적인 개념으로는 정치적 목적달성을 위한 폭력의 행위로 정의되어 있다. 테러리즘은 테러에 비해 포괄적으로 조직적이고 이념적인 의미를 내포한다고 하는 견해도 있지만 통상적으로 테러리즘을 테러로 사용하는 경우가 일반적이며 별로 구

우리나라는 국내에서 북한을 제외한 국제 테러리스트들의 직접적인 공격을 받은 경우는 전무하다. 제2차 세계대전 이후 냉전시기에 북한의 테러리즘에 대한 대비가 국가의 중요한 정책으로써 반공정책이 추진되었으며 별도의 법률이나 제도가 없이도 정책으로써의 효력을 발휘할 수 있었다. 또한 이것은 정부의 신념이자 표방이기도 하였다. 그러나 냉전종식 이후 공산주의의 상징이었던 구소련이 붕괴됨으로써 북한의 대남 테러리즘 양상도 점차 국제 테러리즘과 연계하는 방향으로 전환됨에 따라, 우리나라는 국제 테러리즘에 대한 대응체제의 중요성을 비로소 인식하기 시작하였다.[7)]

한국(6 · 25)전쟁으로 인한 분단 이후 북한이 자행한 대남 테러 사례는 1968년 청와대 기습 사건, 1983년 미얀마 아웅산 묘소 테러 폭파 사건, 1987년 대한항공 858기 폭파 사건부터 최근 핵무기 실험과 미사일 발사까지 위협이 되고 있다. 북한에 친화적인 정권은 대화를 통한 화해와 평화 분위기를 조성하지만 지난 사례를 보면 북한의 대남테러는 한국정권의 대북 정책과 관계없이 다양한 방법으로 지속적인 자행을 하고 있다.[8)]

분 없이 사용되고 있다.

7) 권정훈. (2009). 한국의 테러대응체제에 관한 연구. 용인대학교 박사학위논문.

8) 당시 김대중정부는 대북친화정책으로 햇빛정책을 추진하였으나 2002년 한일월드컵 도중인 6월 29일 대한민국 서해 연평도 부근 NLL(북방한계선) 북서쪽 방향 일대에서 북한군 서해함대 8전대 7편대 소속 경비정 등산곶 684호정의 85mm 전차포 선제 포격 도발로 우리군 6명 전자, 18명 부상 북한군 13명 사망 25명 부상한 사건이 발생하였다.

3 테러의 발생과 방향

1) 테러의 발생 요인

구한말 조선을 간섭하던 청나라가 쇠퇴하고 러시아와 일본이 패권 다툼을 하였다. 이때 러시아제국은 조선의 38선 이북지역을 러시아제국과 일본의 완충국(Buffer State)으로 두어야만 충돌이 없다고 주장하였다.

완충국(Buffer State) 혹은 완충지대(Buffer Zone)이라고 부르는데, 이는 강대국들 사이에 위치하여 강대국들이 직접 국경을 접함으로써 일어나게 될 긴장관계를 완화시켜 주는 역할을 하는 약소국을 뜻하며, 당시 38선은 세계적으로 유명한 러 · 일간의 완충지대였다.

그런데 태평양 전쟁에서 미국이 승리하자 일본의 식민지는 미국의 영향권으로 넘어가고 러시아제국의 예전 주장대로 38선을 기준으로 완충국 설치에 동의하였다. 이후 한반도에서는 전쟁뿐만 아니라 테러가 빈번하게 발생하였다.[9)]

9) 목함지뢰 사건은 2015년 8월 4일 경기도 파주시 대한민국 육군 제1보병사단에서 하사 2명이 DMZ를 순찰하는 도중 하재헌 하사가 철책을 넘어가다가 목함지뢰가 폭발하였고 김정원 하사가 이를 부축하고 넘어오는 과정에서 다시 한 번 목함지뢰가 폭발하였다. 북한군이 한반도 군사 분계선을 넘어 지뢰를 묻은 것이다. 북한은 천안함 피격사건 이후 남쪽에 대량 인명 피해를 내는 도발을 강행할 경우 보복조치가 상당히 셀 것이라는 것을 인식했고 연평도 포격 사태는 대규모 군사적 보복 조치가 무산된 것을 알았기에 그 뒤에는 남측의 피해가 크지 않되 자주 피해를 입는 쪽으로 도발의 방식을 전환했다. 특수부대를 이용해 표지판을 파손하거나 철조망을 훼손하는 등의 행위가 대표적인데 이번 지뢰 매설에서도 피해는 중상 2명에 그쳤고, 사용한 폭발물도 목함지뢰로 최전방의 수색부대원 1-2명 전사 혹은 부상당하고 끝날 정도로 살상력이 제한된 물건이었다. 하지만 이 사건으로 전방에 근무중인 국군에게 미치는 심리적 공격은 상당했으며 정부는 11년만에 대북 확성기 방송이 재개하여 심리전을 재개하였다.

2) 암살사례와 전쟁의 관계

1894년 청일전쟁(First Sino-Japanese War)에서 일본이 승리한 직후에 발생한 1895년 명성황후 암살과 1905년 러일전쟁(Russo-Japanese War)에서 일본이 승리 한 발생한 1909년 이토 히로부미(Ito Hirobumi) 암살사건이라고 볼 수 있다.[10)]

암살은 인접 국가와의 군사적, 외교적, 경제적 차이가 발생할 때 전쟁과 함께 발생하며, 지금 동북아시아는 북한의 핵무기 보유와 같은 비대칭전력 확충으로 위협을 느낀 주변국들의 갈등은 현존하는 위기이다.[11)]

최근 북한의 핵무기 실험과 미사일 개발에 대해 UN(United Nations)을 비롯한 국제사회는 북한의 비핵화 원칙으로 CVID 방식으로 접근하고 있다.[12)]

또한 2006년 10월 북한의 1차 핵실험 이후 UN 안전보장이사회는 결의안(1718호)를 시작으로 지난 20년간 경제제제를 하였으나 북한은 UN의 경제제제 속에서도 계속적으로 핵무기와 탄도미사일(Ballistic Missile)발사 실험을 하였으며 ICBM(Inter Continental Ballistic Missile)과 SLBM(Submarine Launched Ballistic Missile)을 보유하기에 이르렀으며, 이제 마지막으로 남은 것은 북한이 핵탄두를 경량화 하여 탄도미사일에 장착할 수 있는지에 대한 것이다.

그런데 북한의 핵문제 해결방안이 CVID 방식이 아닌 인도·파키스탄 방식 또는 핵동결로 합의될 경우 (1) 미국은 국제사회와 동맹국에 대한 영향력에

10) 페리 원정(Perry Expedition) 은 1853년 일본 가나가와현에 미국 해군 동인도 함대의 증기선 2척을 포함하여, 함선 4척이 일본에 내항하여 미일화친조약을 맺는 사건이다. 일본은 사건을 시작으로 1868년 근대화 개혁인 메이지 유신에 성공하여 군사적, 경제적, 외교적인 성공을 이룬다.

11) 비대칭전력은 핵무기, 생화학무기, 탄도미사일, 잠수함 등 대량살상이 가능한 무기를 의미한다.

12) CVID(Complete, Verifiable, Irreversible Dismantlement)는 조지 부시(George W. Bush) 행정부 1기 때 수립된 북한의 핵무기 해결의 원칙으로, 완전하고 검증가능하며 불가역적인(혹은 돌이킬 수 없는) 핵폐기를 의미한다.

부정적인 영향을 미치게 되어 동북아시아권 국가의 동맹관계에 변화를 가져올 수 있다. (2) 미국의 주한미군 철수, 감축 및 방위비분담으로 인한 논쟁은 북한에 직접적 안보 위협을 받고 있는 한국의 핵무장을 반대할 수 있는 명분을 잃게 될 것이다. (3) 이러한 상황은 중국으로부터 위협받고 있는 대만도 핵무장을 하게 할 것이며 이는 주변국으로 확대되어 대부분의 국가에 핵도미노 현상을 불러 올 것이다.[13)]

그런데 과거 역사적 사례로 볼 때 이러한 국제 정치적 혼란 속에서 대통령과 같은 국가정상의 암살은 빈번하게 발생하여 왔다 지난 1983년 10월 9일, 미얀마를 방문 중이던 전두환 대통령 일행에 대한 북한의 암살 시도가 있었는데, 이 암살시도 사건의 목적은 한국의 정권교체에 대한 목적이 크지만 경제적으로 한국은 미국의 원조아래 급격한 경제성장을 바탕으로 국제사회의 경제대국으로 성장한 반면 북한은 공산주의 경제체제의 몰락으로 식량난에 정권유지의 어려움을 겪은 시기였다는 점이다.

이와 같이 암살은 정치적인 혼란상황에서 적국과의 군사적 힘의 균형이 깨어질 때 주로 발생하여 왔지만 경제안보의 차이가 급격하게 발생할 때도 역시 테러리즘은 발생한다는 점도 인지하여야 한다.

3) 암살사례와 정치의 관계

해방이후 백의사의 암살테러 작전은 1946년 3월 1일 평양역 광장에서 열린 3.1절 기념행사장에 나타난 김일성을 향해 수류탄을 투척하여 암살하는 것이었지만 김일성이 연설하고 있던 단상 바로 아래 계단에 떨어진 수류탄을 소

13) 인도, 파키스탄 전략이란 핵실험을 거듭해서 사실상의 핵보유국으로 인정받는 것이다. 인도와 파키스탄은 1998년 5월 연쇄 핵실험을 통해 핵무기를 개발했다. 두 나라 모두 단 이틀이란 짧은 시간에 각각 5차례와 6차례 핵실험을 해서 국제사회가 핵보유 사실을 인정할 수밖에 없도록 만들었다.

련군 소위 노비첸코(Яков Новиченко)가 주워 반대쪽으로 던져 김일성에 대한 암살은 실패하였다. 만약 이 암살이 성공했다면 한반도의 역사는 어떻게 달라졌을까? 지금까지 한반도의 암살테러의 발생 특징을 살펴보면 다음과 같다.

주변국과의 군사적, 경제적, 외교적 힘의 균형이 깨어지거나 국내 정치적 혼란과 외교정책의 실패는 정권교체를 목적으로 암살이 발생할 수 있고 이러한 암살은 전쟁과 밀접한 연관성을 가지고 있다.

암살의 요인은 정치적 동기로 적국 또는 정치적 갈등관계에서 정권을 바꾸거나 정권을 유지하기 위한 목적으로 사용되며 정치적 이념에 따라서도 발생한다. 정치적으로 불안정한 국가에서 암살은 발생하며 정치권력이 민주화되면 암살의 발생은 줄어든다.

암살에 사용되는 무기와 방법은 국방과학기술의 발달과 함께하는 특징이 있으며 암살 수행 절차는 다음과 같다.

1. 계획수립
① 경호정보수집: 경호기관소속, 인력, 장비, 수준
② 무기 및 장비의 획득
③ 임무부여

2. 실행단계의 특징
① 기습의 원칙
② 암살을 완수하기 위해 모든 폭력행위를 동원
③ 암살자들은 많은 군중들이 살상을 당하게 되는 것에 대해 무관심
④ 암살과정에서 발생하는 재산상의 손해에 대해서도 관심이 없음
⑤ 암살에 실패하면 암살될 때까지 공격이 확대되거나 반복
⑥ 암살 성공을 위해 기만전술도 활용됨

암살은 1914년 사라예보 암살사건으로 1차 세계대전이 발발하였으며 이후 2차 세계대전, 미소냉전, 중동전쟁, 아프가니스탄 침공과 IS까지 안보환경을 조성하였다. 만약 1914년 사라예보에서 가브릴로 프린치프(Gavrilo Princip)가 프란츠 페르난디트(Erzherzog Franz Ferdinand) 대공에 대한 암살이 실패하였다며 역사는 어떻게 흘렀을 것인가?

암살은 1914년 6월 오스트리아-헝가리제국 프란츠 페르디난트 대공과 소피아 황태자부부가 사라예보 방문 첩보입수하고 암살단 7명 구성하였다. 사건 당일 1차 폭탄 투척하였으나 실패, 2차 폭탄 투척으로 차량 뒷바퀴에 맞고 뒤차 밑에서 터져 16명 중상 이후 페르디난트 대공은 부상자에 대한 자책으로 일정 취소하고 병원 방문한다는 첩보 입수하고 병원으로 가는 동선 골목 카페에 숨어있던 가브릴로 프린치프가 권총으로 황태자 부부 암살테러 성공하게 된다.

이 암살은 정치적 목적에 의해서 발생하였는데 당시 보스니아는 세르비아와 합치며 독립을 열망하였으나 1878년 베를린조약으로 세르비아만 독립하고 보스니아는 오스트리아-헝가리 제국 식민통치가 계속되자 세르비아계 보스니아인인 민족주의자 프린치프를 비롯한 남슬라브주의자들은 보스니아가 독립하여 세르비아와 합쳐질 것을 기대하면서 발생하였다.

여기서 슬라브주의(Slavism)는 19세기 중반 모든 슬라브 민족의 단합을 겨냥한 운동으로 당시 소련의 정치적 도구로서도 이용되었으며 민족주의자(民族主義者)는 독립이나 통일을 위하여 민족성을 최고의 가치로 주장하는 사람을 의미한다.

4) 대테러정책 방향

우리나라는 한국전쟁(6.25)이후 거의 모든 테러공작 및 간첩활동이 북한에 의해 이루어짐에 따라 대공수사가 곧 북한정권에 의한 것으로 초점이 맞추어져 있지만 민주적인 정권교체과정에서 북한에 친화적인 정권이들어서면 북한의 대남간첩 활동에 대한 위협을 인지하고도 정치적 관점에서 안보수사가 이루어지지 못하기도 하였다.[14)]

1. 해외 정보인력을 확대한다. 간첩수사의 핵심은 해외정보망에 달려 있다.
2. 국내에서 수사인력을 증강하여 해외에서 위장 신분을 통해 한국으로 침투하는 북한 정찰총국을 포함한 적국에 대한 방첩활동을 강화할 필요하다.
3. 동맹국인 미국, 일본 등과 공조수사 시스템을 구축한다.
4. 대테러 수사기관을 총괄하는 네트워크 시스템을 구축하여 방첩전략을 공유한다.

또한 국가안보를 수호하기 위해 상당한 범죄사실이 판단되면 실질적인 조사를 할 수 있도록 하는데 정치적인 개입을 차단하여야 한다.

또한 간첩활동의 위험성에 대한 교육을 지방자체 단체 및 교육기관에서 정기적으로 국가안보의 중요성과 간첩의 특성에 관한 세부적인 활동유형을 알려야 한다.[15)]

14) 문재인정부에서 생겨난 한국대학생진보연합 등은 광화문 등지에서 김정은 국무위원장 연구모임이란 단체를 만들어 김정은에 대한 찬양을하여「국가보안법」위반에 해당하나 수사기관은 이들에 대한 아무런 조치를 하지 않아 논란이 된바 있다. 이러한 문제는 정치인들의 극단적인 민족주의가 그 원인이다.

15) 안보관계법
① 국가보안법(國家保安法, National Security Act)은 1948년 12월 1일 대한민국 정부가 대한민국 내에서 자유민주적 기본질서를 위태롭게 하는 반국가 단체의 활동을 규제하기 위해 제정한 법률이다.
② 형법 제98조 간첩죄(間諜罪)는 외환죄 중 하나로, 적국을 위하여 간첩행위를 하거나 직무상 지득한 군사상의 기밀을 적국에 누설하는 죄를 말한다.
③ 여적죄 적국과 합세하여 대한민국에 항적한 자는 사형에 처한다. 이 죄에서 '적국과의

5) 대테러정책 현실

문재인 정권은 국가정보원의 대공수사권을 경찰로 이관시키는 정책을 시도하고 있으나 법 테두리 안에 있는 경찰이 법 밖에서 활동하는 북한 간첩을 어떻게 잡는지에 대한 의문제기를 할 수밖에 없으며, 대공수사는 해외정보망 있어야하는데 한국내에 국한되어 있는 경찰이 어떻게 북한 간첩을 색출 할 수 있는지도 고려해야 한다.

또 한국은 현재 휴전중인 국가임에도 불구하고 정치권과 언론은 마치 곧 북한과의 통일이 곧 이루어 질 것 것처럼 보도하는 것은 극단적으로 볼 때 국민이 경계심을 잃게하는 심리적 공격으로 으로 볼 수 있으며, 국제사회에서 한국의 안보동맹국인 미국, 일본과는 반대의 목소리를 내는 것은 대공수사를 어렵게 하는 요인이다.

뿐만 아니라 현재 북한의 핵무기 개발로 인한 미국과 북한과의 갈등속에서도 북한정권의 핵심 3대 전략인 주한미군철수, 국가보안법폐지, 국가정보원 해체를 주장하는 한국내의 세력들이 존재한다. 따라서 한국내에서 활동하는 북한의 추종하는 세력들이 얼마나 넓게 자리 잡고 있는지 파악하는 것이 필요하며 냉정시절 베트남의 적화통일 되새겨 볼 필요가 있다.[16][17]

합세'란 대한민국에 대한 적국의 무력행사에 가담하는 것을 말하고, '항적'이란 전투원, 비전투원 여부를 불문하고 적국의 군사업무에 종사하여 대한민국에 적대하는 행위를 말한다.

16) 주한 미군(United States Forces Korea, USFK)은 대한민국에 주둔하는 미국의 군대이다. 한미 상호방위조약과 주한미군지위협정에 의해 대한민국 내에서 합법적 지위를 확보하고 있다. 한국은 1945년 미국의 일본 본토의 핵무기사용으로 일본이 패망하면서 일본으로부터 해방되었지만 얄타회담을 통해 남한과 북한의 분리되었다. 그러나 1948년이 되어 대한민국이 민주주의 적인 정부수립을 할 수 있는 요건이 되면서 미군정은 철수하게 되었고, 1950년 6월 25일 새벽 4시 북한의 침략으로 전쟁을 치르게 되었으며 그때부터 북한은 대한민국의 주적으로 받아드려졌다. 또 이와 같은 북한의 침략을 대비하고 평화를 유지하기 위해 미군이 주둔하기 시작하였다.

4 핵무기 사용

1) 미국의 핵무기 사용 사례

지난 2017년 대북전문매체 38 North에 따르면 "Japan 1941, North Korea 2017?"라는 기사에서 지난 2차 세계대전에서 동아시아의 패권국인 일본이 미국의 핵공격으로 패전국이 되는 사례를 예로 들었다.[18)]

미국은 우선적으로 일본에 경제제제를 가하지만 이러한 제제를 가하자 일본은 하와이를 공습하였고 결국 히로시마와 나가사키에 핵폭탄을 투하함으로써 전쟁을 종식시켰다는 것이다.

지난 1941년 그 대상이 일본 이였다면 지금은 북한이 그 대상이라는 것이며, 이러한 경제제제와 군사행동의 사례는 다음과 같다. 지난 1941년 프랑스가 독일에 항복하자 일본은 프랑스령인 인도차이나를 침공하고 중국 및 동남아시아 전역으로 군사력을 확대하자 미국은 일본의 군사력을 위축시킬 목적으로 경제제제 시작한다.[19)]

당시 일본은 미국으로부터 93%의 원유를 수입하고 있었고 일본해군은 매일 400t의 석유를 사용하고 있었기 때문에 원유수출금지와 같은 경제제제는 군사력을 마비시키는 강력한 능력을 가지고 있었다. 이에 대한 일본의 선택은 다음과 같았다.

---

17) 국가정보원(National Intelligence Service)은 국가안전보장에 관련되는 정보 · 보안 및 범죄수사에 관한 사무를 담당하는 대한민국의 중앙행정기관이다.

18) https://www.38north.org/

19) 경제제재는 무기제조에 필요한 고철 수출금지, 원유수출 금지, 미국내의 일본 재산 동결, 일본 선박 통과 거부 등이었다.

1. 미국의 요구에 따라 병력 철수한다.
2. 유류부족이 군사력 약화를 가져올 때가지 기다린다.
3. 군사행동을 확대하여 동남아시아의 자원획득을 시도한다.

일본은 선택은 군사행동을 확대하는 것이었다. 이에 따라 선전포고 없이 미국 하와이 진주만을 공습하여 미국이 필리핀에서 철수하도록 하는 동시에 즉각 반격 할 수 없는 상태 수준의 큰 피해를 입히고 동남아시아, 남태평양을 석권하고 인도와 호주로 진격하기에 이르며 태평양 전쟁이 시작되지만 1945년 결국 미국의 전략폭격기(B-29)가 일본에 핵폭탄를 투하하면서 일본의 항복으로 태평양전쟁이 종식된 사례가 있다.[20]

20) 미국의 핵무기사용

① 1945년 8월 6일 히로시마에 투하된 농축우라늄 핵폭탄 리틀보이(Little Boy): 폴 티베츠(Paul Warfield Tibbets, Jr: 1915-2007) 대령이 조종하는 B-29 폭격기가 마리아나제도 티니안섬에서 이륙하여 히로시마 상공 9,450 미터 고도에서 투하되었고, 해발 550 미터 상공 폭발하였다. 길이는 약3m이고 지름이 71cm이고 위력은 TNT로 13-18kt 수준으로 폭심지에서 1.2Km 범위 50% 가 당일 사망했고, 1945년 12월 말까지 14만여 명이 사망하였다.

② 1945년 8월 9일, 일본 나가사키에 투하된 플루토늄 핵폭탄 팻맨(Fat Man): 찰스 스위니(Charles W. Sweeney: 1919-2004) 소령이 조종하는 B-29 폭격기가 마리아나제도 티니안섬에서 이륙하여 나가사키 상공 9,450 미터 고도에서 투하되었고, 해발 550 미터 상공 폭발하였다. 길이는 약3.3m이고 지름이 1.5m이고 TNT로 21kt 수준으로 나가사키는 기복이 심한 지형으로 위력이 감소됨에도 불구하고 사망자 약 73,900명, 부상자 약74,900여 명이 사망하였다.

미국의 핵무기 사용

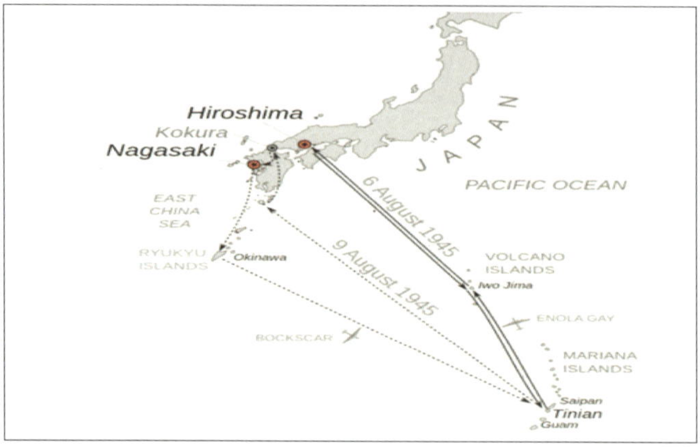

2) 미국의 핵무기 사용 전략

쿠바 미사일 위기는 1962년 10월 14일 소련이 공산권 국가인 쿠바에서 건설 중이던 소련의 SS-4 탄도미사일(MRBM) 기지 설치로 인해 시작된 미국과 소련과의 갈등으로 세계 3차 대전의 직전으로 치달았던 사건이다.

소련 모스크바 광장에 선보인 SS-4 탄도미사일

이 사건으로 미국은 소련이 미사일 기지의 완공을 강행한다면 이를 선전포고로 받아들일 것이며, 제3차 세계대전도 불사하겠다는 공식성명을 발표했다.

전 세계는 케네디 대통령의 발언에 의해 세계 3차 대전이 일어날지 모른다는 불안감이 일촉즉발의 상황까지 가기에 이르렀다. 결국 소련이 미사일 기지 건설을 중지하였고 전 세계는 핵전쟁을 피할 수 있었다.

이 사례를 통해보면 미국의 공통적 입장은 미국 본토가 위협받는 상황을 결코 용납하지 않았다는 것이다. 그런데 지금 북한의 상황을 보면 매우 위험한 상황에 놓여있다. 왜냐하면 북한은 과거 소련과 같은 군사력을 가지지도 못했고 국제사회에서의 외교력도 전무한 상태이기 때문이고 지금 지원국인 중국 또한 미국과의 무역전쟁으로 경제성장이 하향되고 있나는 점이다.

만약 북한이 협의한 비핵화 원칙을 이행하지 않을 경우 미국은 결국 북한의 정권 교체(Regime Change)를 통한 완벽한 비핵화(CVID)를 추진할 수 있다. 과거 미국이 중동의 독재정권에 대해서도 군사옵션 즉, 폴리스액션(Police Action)을 통한 레짐체인지(Regime Change)에서 알 수 있다.[21)22)]

21) 폴리스액션(Police Action)은 미국이 국제 평화·질서를 위한 국지적 군사 행동을 의미한다.

22) 레짐체인지(Regime Change)는 정권교체. 체제변화를 뜻하며 현 정치 체제를 구축하는 이념이나 가치 등 기존 지배층의 뿌리를 뽑는 정치 변동을 의미하며, 지배계층의 근본적 교체가 없을 경우 외부 또는 내부의 힘에 권력을 교체하도록 외교적·군사적 압박을 가하는 정치행위를 의미한다.

5 북한의 핵무기 개발

1) 북한의 핵무기 개발의 목적

북한은 지난 70여 년간 1인 지배체제를 유지하기 위하여 군부와 인민들의 자긍심을 제공하는 정치적 도구로 핵무기 개발을 활용하여 왔으며 이를 통해 독재 권력을 신격화하고 공산주의 경제의 실패 책임의 명분으로 삼아 왔다.

그러면서 주민들에게 해외여행과 인터넷사용을 통제하여 국제사회와 단절시킴으로서 독재정권을 3대째 세습할 수 있는 구조를 만들었으며 핵탄두 소형화에 성공하여 ICBM, SLBM을 실전 배치하여 미국을 위협하는 수준으로 전략화하고 미국과 협상을 통해 독재정권을 인정받고 나아가 주한민군을 철수시킨 다음 한반도를 북한주도의 통일로 이어간다는 전략이다.

2) 북한의 비핵화 전략

지난 2006년 10월 1차 핵실험을 실시한 이후 반복적으로 핵실험을 통해 결국 핵무기 개발을 완성하였다.

과거 1994년 미국은 북한 영변 핵시설에 대한 정밀 폭격을 추진하는 방안이 제기되었으나 지미카터 미국 대통령이 북한의 핵동결을 전제로 제네바 합의를 함으로써 완벽한 비핵화에는 실패하였다.

그 결과 북한은 2003년 핵확산금지조약(NPT)를 탈퇴하고 2005년 핵 보유를 선언하였으며 2016년 4월 23일에는 잠수함에서 발사 탄도미사일(SLBM) 북극성 1호의 시험 발사에 성공하기에 이르렀으며 국제사회의 비핵화 노력에도 중국과 러시아의 지원 아래 핵무기 개발을 지속하여 왔고 국제사회는 강력한 경제제재를 통해 더 이상 핵무기 개발을 하지 못하도록 하고 있다.

만약 북한이 핵탄두 소형화에 성공하여 SLBM이 전략화 된다면 국제사회는 더 이상 북한을 압박하기도 힘들어 질것으로 예상되며 이는 3차 대전으로 연결될 수 있다.

북한에서 시험 발사한 SLBM(북극성 1호)

3) 미국의 군사력

미국의 국방비 예산 규모는 세계 군사력 2~8위 국가의 예산을 모두 합친 것보다 더 많은 예산을 지출하고 있으며 이는 실질적인 전쟁 상황에서의 능력을 그대로 보여주는 것이다.

미국의 국방비 지출 비중[23)]

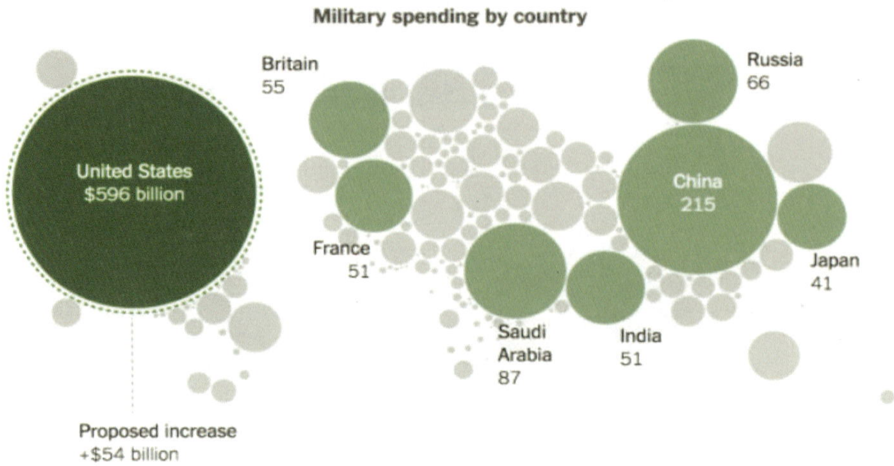

반면 북한은 군사비를 발표하지 않기 때문에 정확히 얼마인지 알려지지 않고 있다. 다만 지난 2016년 4월 9일 최고인민회에서 군사비가 국가예산의 15.9%라고 발표한 바 있어 이를 북한돈과 달러의 공식 환율로 계산해 약 1,500,000,000 USD로 추산하여 예상할 수 있습니다.

한편 한국 국방부는 북한이 핵과 미사일 개발, 재래식 무기 구입과 유지에 막대한 돈을 사용하고 있기 때문에 102,000,000,000 USD 수준이라고 설명한 바도 있습니다.

종합하여 보면 미국의 군사옵션을 사용하면 북한은 몇 시간내에 레짐체이진가 될 것이란 것이다.

23) 스톡홀름 국제평화연구소(Stockholm International Peace Research Institute)의 자료를 뉴욕타임즈에서 인용 보도한 내용

4) 북한의 비핵화 단계 모델

북한이 비핵화에 협조하지 않으면 15년 이상의 시간이 걸릴 수도 있다고 하는데 이는 북한에서 핵무기가 갖는 정치적 비중을 고려하면 사실상 그 이상의 시간이 걸리거나 아예 불가능하다는 분석이다.

그러나 국제원자력기구(IAEA)는 북한이 핵무기 프로그램과 관련된 생산 시설들 그리고 보유한 핵 물질의 양을 모두 공개하겠다는 의지만 보인다면 현실적으로 2~3년이면 비핵화가 충분하다고 하였고 미국 존 볼튼 백악관 국가안보보좌관은 1년 이내에 폐기할 수 있다고 하였고 미국 마이크 폼페오 국무장관은 3년이내를 목표로 한다고 밝힌바 있다.

북한의 비핵화 5단계 모델

단계	북한	UN
1단계	- 핵시설 가동중단 - IAEA 감시단의 핵시설 폐쇄(shutdown) - UN 핵무기 전문가의 정밀사찰 - IAEA 봉인조치(sealing)	- 관계개선 논의 시작
2단계	- 모든 핵무기 IAEA 신고 - 핵시설 불능화(disabling)	- 테러지원국 해제 - 적성국교역법 적용 해제
3단계	- 핵 프로그램 해체 - 핵 물질 반출 - 핵 과학자 이주	- 미북연락사무소 개설 - 북한의 국제금융기구 가입 허용 - BDA 금융제재 해제
4단계	- CVID 검증	- 한반도 평화포럼 가동
5단계	- 비핵화의 완성 - 장거리 미사일 폐기	- 평화협정 체결 - 북한에 미국대사관 설치

북한의 비핵화 문제에 대하여 국제사회에서 과거 핵무기가 어떤 상황에서 사용되었고 UN을 비롯한 미국에서 북한의 비핵화에 대한 정치적, 군사적 관점을 살펴보았다. 북한의 배핵화 단계는 다양한 방법이 존재하고 있으나 북한의 독재정권이 유리되기 위해 핵무기를 정치적 도구로 사용하고 있는 이상 어쩌면 북한 독재정권과 수뇌부를 제거해야 북한의 비핵화를 해결 할수 있을지도 모른다.

5) 북한의 비핵화 전략

(1) 군사적 전략

북한의 핵개발은 동북아시아권 국가의 핵도미노 현상을 불러 올 수 있으며 우리도 국제사회의 동의하에 전술핵을 보유하여 북한의 위협에 대비하여야 한다. 한국(6.25)전쟁과 같은 비극이 다시 발생하지 않기 위해서면 군사력을 증강하여 북한이 도발할 수 없도록 억지하여야 한다.

한국이 UN의 관리하에 핵무기 개발을 승인받고 관리하는 것이다. 한국이 독자적으로 핵무장을 해야 한다는 주장은 북한이 6번째 핵실험으로 핵보유국의 지위에 성큼 다가서면서 한국의 정치권에서도 독자 핵무장 주장이 확산되고 있다. 이미 한국은 상당한 수준의 원자력 설비 능력을 갖고 있으며 한국이 핵개발을 결심하면 2년 내로 핵탄두 100개 까지도 만들 수 있다고 한다. 과거 한국은 1970년 7월 윌리엄 로저스 미국 국무장관이 베트남 사이공에서 열린 월남전 참전국 회의에서 최규하 외무장관에게 주한미군 2만명 철수 의사를 전하자 한국은 자체적인 핵무기 개발에 착수한 적이 있고 당시 핵무기 개발의 완성단계에 이르렀다고 한다.

또한 한국은 미국 일본과 함께 통합적 미사일 방어체계 수립하고 확대하여야 한다. 정부가 북한의 핵과 미사일 위협에 대응하기 위해 독자적인 미사일

방어체계 개발을 이미 수립한 것으로 전해지고 있으나 미국, 일본을 중심으로 군사적 동맹을 통해 미사일방어체제의 확대는 실효성을 높인다. 아울러 미국, 일본의 MD시스템 체제의 개발에 공동으로 참여하여 보다 효율적이고 완벽한 방어를 모색해야 한다.

이는 북한의 미사일이 공격지점에 도달하기 전 공중에서 격추 시켜 피해를 최소화하여야 하며 미국의 사드와 같은 전략무기의 전략적 배치를 통해 미사일방어 시스템을 체계적으로 갖추어 위협에 대해 대비해야 한다. 그러기 위해서는 국제공조의 핵심이며 국민을 안전에 조금의 오차도 없도록 철저한 군사방위태세를 확립해야 한다.

마지막으로 대북심리전을 확대하여 북한군과 주민들이 생각을 바뀌도록 힘써야 한다. 현재 북한 주민들에 대한 인권과 종교의 문제는 매우 심각하다. 북한은 인터넷 사용을 금지하고 있기 때문에 대북 확성기 방송을 비롯한 대북 심리전을 통하여 북한 인민들의 인간으로써의 권리, 사상, 종교, 표현의 자유의 가치를 알 수 있도록 하여야 한다.

(2) 경제적 전략

북한이 핵개발과 같은 대량살상무기를 개발하지 못하게 하려면 경제제제를 확대시켜야 한다. 대외 무역이 차단되어야하며 이때 식량지원과 같은 인도주의적 지원은 북한의 주민에게 전달되는 것이 아니라 북한군부로 전달되어 북한의 독재정권의 유지에 기여된다는 사실을 인지하여야 한다.

Chapter 06 경호의 기법

1 경호기법의 구분

경호기법은 경호현장의 다양한 상황을 구체적으로 설명해 놓은 행동지침으로 세밀한 사항까지 기술하고 표현하여 경호업무의 원활한 임무수행을 목적으로 한다.

1) 국가경호 기법

경호기관의 경호기법의 선택 기준은 경호대상자의 중요도, 행사성격, 경호매뉴얼 등을 종합적으로 고려하여 위협수준을 판단하여 경호기법을 결정하지만 경호책임자의 과거 사례와 경험과 성향이 반영되기도 한다.

국가경호의 경호기법 매뉴얼은 경호규칙, 대통령경호처 경호종합훈련장 상황매뉴얼, 각종 위해사례, 선발경호이론, 수행경호이론, 기동경호이론, 대테러전술이론, 수행경호, 기동경호 등이며 각 포인트별 행동요령 또는 착안점, 유의사항을 마련하고 있으나 경호현장에서는 경호 CP의 통제를 받고 있다.

국가에서 이루어지는 경호기법은 국가의 정치상황 및 안보상황에 따라 각각 다르게 적용되지만, 함축적으로 볼 때 경호임무 완성을 위한 적절한 경호의 운용시스템을 의미하며, 경호지휘 하달에 따른 임무수행 절차라고 볼 수 있다.

예를 들어 경호현장에서 중첩경호 단계의 설정, 출입구의 통제지역 설정, 근접경호대형 설정, 경호복제의 구분 등이 경호기법이 될 수 있다.[1)]

1. 합법성: 경호는 법의 테두리 내에서 이루어져야 함
2. 협력성: 경호활동은 경호기관 단독으로 이루어 질 수 있는 성질의 업무가아니라 관련된 유관기관과 협력이 중요
3. 보안성: 경호대상자의 일정, 경호기관 등에 대한 정보는 비밀엄수
4. 희생성: 경호활동은 우발상황에서의 방어를 원칙으로 자기희생정신이 필요함
5. 정치적 중립성: 정치적으로 반대 입장에 있는 요인을 경호해야 하는 상황이 있을 수 있는데 업무특성상 이때 자기희생정신을 유지하기 곤란하기 때문

2) 민간경호기법

민간경호는 시설주의 관리권 내를 제외하면 모든 경호의 환경이 양해, 설득을 전제로 이루어지고 있다. 따라서 민간경호기법이란 경호대상자에게 주어질 수 있는 최적의 경호환경을 조성하고 우발상황이 발생하면 위법성조각사유에 따라 제지, 대적, 대피하는 방법을 따른다.

1) 경호활동에 사용되는 장비로는 경호장비, 통신장비, 감시장비, 방호장비, 호송장비, 탐지장비 등이 있다.

국가경호에서와 같이 「대통령 등의 경호에 관한 법률」 제5조의 경호구역지정, 제15조의 국가기관 등에 대한 협조 요청, 제16조의 대통령경호안전대책위원회 설치, 제17조의 경호공무원의 사법경찰권, 제19조의 무기 휴대 및 사용과 같은 사법적 권한이 없고 「형법」에서 명시하고 있는 정당방위, 자력구제, 긴급피난과 같은 사인의 지위에 경호업무를 수행하여야 한다.

그러나 민간경호의 기법은 행사의 성격, 수익성, 행사장소, 참가자의 성격 등 행사의 구성요소가 날로 다양하고 복합적이어서 일반적인 경호기법의 모델을 찾기가 쉽지 않다. 또 각종 규제는 충분한 경호활동을 제한하고 있어 민간경호에 적합한 경호의 기법이 요구되고 있다.

민간경호 기법은 국가경호에서 확보하지 못하는 효율성과 경제성을 고려하여 다양한 경호기법을 개발하여 경쟁력을 갖추는 것이 중요하다.

2 경호기법의 이론

첫째, 경호대상자의 성향과 요구사항을 잘 파악하여 적절한 경호활동이 될 수 있도록 하여야 한다.

둘째, 경호행사장 주변 지형과 교통상황을 고려하여야 한다. 행사장 주변에 고층건물 및 취약지역 등에서 경호대상자 노출 범위를 고려하여 경호인력을 편성하여야 한다.

셋째, 경호행사의 성격을 고려하여야 한다. 경호대상자의 비공식 일정은 비노출경호를 실시하고, 공식 행사에는 노출경호와 비노출경호를 혼합하여 활용한다.

넷째, 경호원들의 복장은 짙은 정장차림이지만 상황에 따라 카멜레온과 같이 변화하고 그림자같이 움직여야 하는데 환경에 적절한 복장을 갖추어 자연스러운 분위기를 만들어 내며 경호장비가 눈에 띄지 않도록 하여야 한다.

다섯째, 경호원은 경호대상자 근접에 위치해 있는 경호대상자의 신분을 정확히 알아야 한다. 경호대상자의 주변인은 경호대상자에게 가까이 있으려는 심리가 있다. 따라서 경호조직은 경호대상자 주변인의 신분 등을 파악하고 있어야 원활한 경호활동을 할 수 있다.

여섯째, 경호조직 구성원 간의 소통이 중요하다. 먼저 행사장에 도착해 있는 선발팀과 이동 중인 수행팀의 완벽한 소통을 통하여, 경호대상자를 비롯한 수행팀이 행사장에 도착하기 전에 행사장의 상황을 전해 듣고 협의하여, 상황에 맞는 경호대형의 변화를 통하여 경호대형 유지와 더욱 완벽하고 세련된 경호활동을 할 수 있다.

일곱째, 경호원 사이의 역할분담이 정확하게 이루어져야 한다. 경호는 결코, 혼자 할 수 없는 조직업무이다. 경호대상자 근접에서 경호활동을 하는 역할이 완벽하게 이루어지려면, 외곽에서의 지원이 없이는 불가능하고, 외곽 근무자들은 근접요원의 시야가 짧은 것을 보완해 주기 위하여 전체적인 위협에 대한 정보를 제공해야 하기 때문이다.

1) 경호현장의 기법 유형

(1) 악수 대형

- 악수대형은 신원확인이 안된 불특정다수인과 최근접 거리에서 신체적 접촉이 이루어지기 때문에 공격의 기회에 노출됨으로 유의해야 된다.
- 또 정적인 자세가 반복되어 총, 칼, 화학물질 등에 의한 직접공격 뿐만 아니라 달걀, 오물도 주의하여야 한다.

- 경호대상자보다 앞서 위치한 경호원은 악수하기 위해 대기하고 있는 사람들에 대한 행동, 눈빛, 손의 위치를 경계하여야 한다.
- 경호대상자 후방과 측방경호원은 악수하는 자와 악수를 마친 자들에 대한 경계근무를 수행하며 우발상황의 발생에서 대적 및 제압의 업무를 수행한다.
- 악수자의 후방에 경호원은 경호대형과 같이 움직이며 악수자는 사람의 뒤에서 행동과 손을 경계한다.

(2) 계단이동 대형

- 일반 도보대형과 동일하게 경계업무수를 수행한다.
- 경호대상자의 높은 구두는 계단에서는 안전사고에 대비하며, 손잡이를 이용한다.

(3) 에스컬레이터 대형

- 일반 도보대형과 동일하지만 정적인 자세가 유지되므로 위험요인이 높아 가급적 엘리베이터를 이용하는 것이 좋다.
- 부득이할 경우 가급적 빠르게 이동하며 경호대상자를 중심으로 등을 진 상태에서 사주경계를 한다.

(4) 출입문 통과 대형

- 출입문을 통과할 때에는 전방의 경호원이 5~8보 앞서 위협을 파악하고 먼저 통과하여 출입문을 고정한다.
- 회전문일 경우에는 가급적 옆의 일반문을 사용하도록 하지만 예외의 경우 전방경호원이 먼저 통과하여 위협요인을 확인한다.

(5) 엘리베이터 대형

- VIP 전용엘리베이터 사용이 가능한지 확인한다. 일반 엘리베이터를 사용한다면 전방의 경호원은 5~8보 앞서 엘리베이터 버튼을 누르고 탑승지점의 위협을 파악한다.
- 엘리베이터가 도착하기 전까지 주변의 경계를 임무를 수행하며 엘리베이터가 도착하면 전방의 경호원은 먼저 탑승하여 닫히지 않도록 각별히 주의를 기울여야 한다.
- 경호대상자과 경호대형 이외에 일반인과 탑승하게 되었을 때에는 경계를 임무를 수행하며 행동의 변화에서 위협요소를 살핀다.
- 내릴 때에는 전방의 경호원이 먼저 내려 동선을 확인하고 위협요인을 확인한다.

(6) 공중화장실 경호

- 일반인이 붐비지 않는 곳을 미리 파악하여 둔다.
- 전방 경호원이 앞서 화장실내의 위협요인을 확인하며 화장실 내에 일반인이 있다면 내부에서 경계임무를 수행하며 일반인이 없으면 밖에서 대기하며 손수건과 같은 소지품을 준비한다.

2) 경호기법의 심리학적 접근

지금까지는 일반적으로 경호대상자의 신체적 보호에 집중되어 왔으며 경호기법도 이러한 기준을 바탕으로 개발되어 왔다. 이것은 외부로부터 발생하는 위험요소에 대한 방호개념에서 경호의 기법이 유지되고 있는 것이다.

하지만 외부의 위해요인으로부터의 물리적인 위협뿐만 아니라 경호대상자 스스로 만들어낸 위협의 인지한 심리적 차원의 경호가 필요하며, 경호대상자에 대하여 높은 이해력을 가지고 경호대상자의 심리상태를 인지하여 경호기법에 반영하는 것이 필요하다.

경호대상자 심리상태 인지는 말투, 표정등에서 평소와의 비교를 통해 세밀한 관찰이 필요하며 경호대상자와 관련된 언론매체 등을 통한 상황인지가 되어야 한다.

이처럼 경호대상자의 심리상태 인지를 통한 경호기법 설정은 높은 수준의 경호기법 개발에 기여할 것이며, 경호원칙과 경호대상자의 지시가 충돌할 때 경호기법 설정의 이론적 근거를 마련할 수 있다.

3 차량경호의 기법

1) 방탄차량의 역사

1920년대에 마피아 보스 알 카포네(Alphonse Gabriel Capone)가 타던 캐딜락 8기통 자동차에서 시작되었다. 당시 방탄유리는 두께가 3cm 정도였지만 그 후 2년 뒤에 나온 캐딜락 452의 방탄유리는 두께가 4cm로 늘었다. 그리고 총기가 발달함에 따라 방탄유리도 함께 발전해 온 것이다. 1932년 이 캐딜락은 16기통에 165마력의 엔진, 4mm의 강철 차체, 4겹의 10mm 안전유리, 수십 개의 독립공기실로 만들어지게 되었다.

이후 방탄차는 1933년 메르세데스 벤츠 차량을 타고 이동 중이던 히틀러가 다른 자동차와 충돌사고 후 상대방의 차는 크게 파손되었지만 자신의 차는 거의 파손된 부분이 없는 것을 보고 1935년부터 방탄 리무진 3대를 사용하였다. 당시 히틀러의 방탄차는 타이어에 20개의 독립공기실을 만들었고 유리는 40mm 정도였으며, 강철 덮개를 씌운 예비타이어를 차량 양쪽에 장착하였다.

히틀러의 벤츠 방탄차량[2)]

방탄차의 기술개발은 한 국가를 과학기술을 대표하고 국력을 상징하기도 한다. 우리나라의 첫 방탄차는 1956년 이승만 대통령이 아이젠하워 미국 대통령에게 선물로 받은 캐딜락이었으며, 현재 대통령 경호차량은 총 4종으로 알려져 있다. 이는 BMW 760Li High Security, 벤츠 S600 풀만 가드, 캐딜락의 드빌 리무진, 현대 에쿠스이다.[3)]

세계적으로 민간에서도 방탄차에 대한 관심이 높아져 그 수요가 늘어나고 있다. 국내에서는 방탄차 수요가 거의 없지만 분쟁 지역이나 총기 휴대가 자유로운 국가에서는 소총 및 폭발물에도 견딜 수 있는 방탄차의 수요가 증가하고 있는 추세이다. 특히 예전에는 국가정상에 한정되었다면 요즘에는 신변

2) 출처: "[세계의 명차 신차] 히틀러의 차 벤츠 770", 디지털타임즈, 2006.10.30.

3) 우리나라의 경호기관에서는 각 차종을 최고 5대까지 보유 중이며 이는 대통령이 어디에 탔는지 알 수 없도록 똑같은 차가 몇 대씩 움직여야 하기 때문이다.

의 위협에 노출된 경제인 및 정치인을 비롯한 일반인도 방탄차의 주요 고객으로 떠오르고 있다.[4)]

왜냐하면 방탄차는 경호대상자가 이동할 때에 물리적 공격의 차단효과와 방벽효과가 높기 때문에 가장 안전한 기동수단으로써 기동 간 경호에 중요한 역할을 하고 있다.

현재 방탄차는 소총이나 수류탄, 생화학 무기는 물론 대전차 로켓 공격까지 방어가 가능하다. 따라서 방탄차는 국가별 완성차 업체의 첨단 기술력을 상징한다. 방탄차를 생산하는 업체는 벤츠, BMW, 아우디, GM 캐딜락, 마세라티, 현대 등이다.

최근 들어 방탄차의 종류와 등급이 다양해지고 있으며 방탄의 등급과 기준은 북미와 유럽으로 나누어지고 있다. 제작은 완성차 브랜드가 직접 제작하는 경우가 대부분이었지만, 사설 업체에서 재설계되는 경우가 증가하고 있고 이러한 방탄차는 일반인을 대상으로 판매되기도 한다.

최근 외국 방탄차업체의 조사에 따르면 테러리스트의 공격 80~90%는 자동차로 이동 중일 때 발생한다고 하였다. 그래서 대통령과 같은 국가원수뿐만 아니라 재력가들도 방탄차를 필요로 하며, 정세가 불안한 국가에서 방탄차 수요가 많으며 이들 국가에서 방탄차 운전자는 전문적으로 훈련받은 전직 군인 및 경찰 출신을 채용하여 사용하고 있다.

- 방탄차 전문 개조회사는 미국, 서유럽 등지에 20여 개가 있고, 미국의 오가라사와 폰타나 오토사, 독일의 트라스코 등이 방탄차 제작업체로 유명하다.
- 예전에는 방탄차의 기본 모델로 고급 리무진과 세단이 주를 이루었지만,

4) 방탄차 제조업체들은 고객보호 차원에서 정확한 판매통계를 공개하지 않지만, 전 세계 방탄차 시장 규모는 10년에 5배씩 커져가고 있고 시장규모는 3조원을 넘고 있으며, 미국이 전체 방탄차의 60% 이상을 소화하고 있는 것으로 알려져 있다.

지금은 SUV 방탄차의 수요가 많아졌다. 또한 남미 등 일부 국가에서는 테러의 표적이 될 수 있는 고급차보다 평범한 소형차와 중형차를 기본으로 한 방탄차를 많이 찾기도 한다.

- 최근 9·11 테러 이후 링컨과 캐딜락 등 미국 메이커도 방탄차 제작에 뛰어들고 있다.

2) 방탄차량의 등급

방탄차의 등급과 기준은 크게 두 가지인데 북미의 NJI(National Institute of Justice), 유럽의 CEN(Comite Europeen de Normalisation)이다. 북미의 경우 방탄차의 등급은 레벨 Ⅰ-Ⅶ로 나누어지며 방어 능력에 따라 등급이 높아진다. 유럽은 B1~B7이다. 북미와 유렵의 레벨은 방탄차의 등급 정도를 알 수 있는 척도로 쓰이고 있다.

여기서 방탄유리는 차체보다 중요하다고 할 수 있는데 그것은 경호대상자가 시야에 들어와 저격의 위험이 따르기 때문이다. 또 대부분의 위해가 총기로 이루어지기 때문에 방탄유리는 매우 중요하게 다루어지고 있다.

방탄유리는 제조사마다 다르지만 기본적으로는 폴리카보네이트 소재를 라미네이션으로 불리는 공정을 통해 일반 유리와 접합을 하며, 최소 2가지 이상의 소재를 혼합해 제작된다.[5][6]

---

5) 강한 소재와 부드러운 소재를 겹치는 방식이며 부드러운 층은 쉽게 깨지지 않고 충격 에너지를 흡수하는 역할을 하며 화학 공정을 거치면 방탄유리는 더욱 강해지고 보통 2가지 이상의 코팅 처리도 된다. 공격을 더욱 효과적으로 막기 위해 유리는 평면이 아닌 곡면으로 제작되며 방탄유리의 테스트 기준은 EN 1063, DoE의 ATPD 2352P, 미국 NIJ의 0108.01 등으로 여러 가지가 있다. 이런 공정을 거치면 일반 유리와 비슷한 투명도가 나오지만 두께는 더 두껍다. 방탄효과를 높이기 위해 각 유리 사이에는 공기층을 삽입하기도 하며, 방탄유리의 두께는 보통 70~75mm 사이이고 최대 120mm도 나온다고 알려져 있다.

6) AK-47은 흔히 9.5~9.7g 무게의 탄환을 사용하며 속도는 초속 722~732m 사이로 총알은 전문

하지만 방탄유리는 총격으로부터 무한하게 막을 수는 없다. 보통 테스트 기준은 5m 거리에서 3~5발 정도를 막으면 합격이다. 따라서 우발생활에서 방탄차는 지속적인 공격을 막는 것이 아니라 최초의 공격을 막고 신속히 대피하는 것에 의의를 둔다. 또 대부분의 테러리스트가 첫 공격에서 실패하면 결국 목표를 달성하지 못하는 이유가 여기에 있기도 하다.

방탄차의 강판은 세라믹과 케블라, 카본 파이버 같은 합성 소재가 추가되며 보통 20~25 조각으로 이루어진다. 강판은 4mm 이상으로 일반 자동차보다 훨씬 두껍다.

방탄차는 전체를 방탄 소재로 제작하며 틈새는 모두 막는다. 이는 총기공격 시 발생하는 파편과 유독 가스의 유입을 막기 위한 것이다.

내부는 바닥과 천장, 도어 구조를 새롭게 제작하며 연료 탱크도 방탄이 가능한 소재로 감싸고 특정 차종은 코팅을 입히기도 하며, 연료탱크, 배터리, 퓨즈박스까지 방탄 소재를 더한다. 늘어난 무게를 고려해 서스펜션과 브레이크도 업그레이드한다. 런플랫 타이어는 마지막 공정에 해당된다.

일반인의 방탄차는 겉모습으로 구분이 힘든 특징을 가지고 있다. 또 주문제작이기 때문에 생산에도 많은 시간이 소요되며 가격도 기본 모델의 2배를 가볍게 뛰어넘는다. 외국에서 B4 레벨의 BMW Security는 기본 차량가격에 4만 달러가 추가되는 것으로 알려져 있다.[7)]

가에 의해 개량된다. 그러면 동과 알루미늄 또는 텅스텐 카바이드 우라늄을 함유해 더욱 강력한 파괴력을 지게 된다.

7) 자동 소화 시스템, 리모트 컨트롤, 사이렌, 알람, 외부와 통할 수 있는 인터컴 등이 마련된다. 그리고 응급 산소 공급 시스템도 마련된다. 독가스 공격에 대비한 장비이다. 이 시스템은 연기 또는 독성이 내포된 가스가 탐지되면 자동으로 외부 공기의 유입을 차단하고 압축 실린더 장치가 신선한 공기를 실내로 투입한다. 옵션으로 마련되는 패닉 알람 시스템은 외부 공격이 감지될 경우 시각과 청각적인 신호를 발생하며 인터컴을 통해 외부와 통신할 수 있다.

(1) 방탄유리

- 일반 유리는 두께가 3mm 정도이지만 방탄유리는 보통 70mm 정도이고 최대 120mm가 넘는 것도 있다. 또 방탄유리는 폴리비닐을 겹겹이 싸거나 유리 사이에 공기를 주입해 방탄능력을 향상시킨다.[8)]
- 차체는 특수 합금으로 제작되어 세라믹과 케블라, 탄소섬유 등 특수 합성 소재가 사용되며 폭탄공격에도 견딜 수 있도록 충격을 분산시키는 조각 공법으로 제작되며, 강판 두께는 일반 차량이 0.8mm 정도인 반면 방탄차는 이보다 몇 배 두꺼운 4mm 이상이다.
- 차문은 보통 30cm 이상으로 각종 잠금장치와 독가스 유입을 막는 특수 이음새로 처리되어 있다.
- 방탄차에는 자체 산소공급장치가 장착되어 있으며 연료탱크와 배터리는 폭발방지장치가 적용되어 있다.
- 위성전화 등 각종 통신장치와 컴퓨터, 문이 닫힌 상태에서 외부 경호원 등과 소통이 가능한 이어폰이 설치되어 있다.
- 화재를 자체적으로 소화하는 안전시스템도 있다.
- 보안상 창문은 사전에 지정된 사람만 열 수 있도록 되어 있다.

8) 특수 재료를 사용한 방탄유리는 폭탄 공격에 대한 방어도 가능하다. 그러나 방탄유리는 지속적인 공격을 막아내진 못하기 때문에 공격을 받은 후 신속하게 대피가 중요하다. 방탄유리는 두꺼운 유리를 써야 하므로 처리 기술이 뛰어나지 않으면 바깥 사물이 왜곡되어 보일 수 있기 때문이다. 방탄유리는 잘 깨지지 않는 플라스틱 계열이 많이 쓰이는데, 보통 플라스틱 박막 유리, 아크릴 플라스틱, 폴리카본 플라스틱 등 3종류가 재료로 많이 쓰인다. 방탄효과를 높이기 위해 폴리비닐을 겹겹이 싸기도 하고 유리 사이에 공기를 주입하기도 한다. 그러나 이 같은 방법으로도 유리에 흠집이 나지 않을 정도의 완벽한 방탄효과를 기대하기는 어렵다. 대부분의 방탄유리는 최초의 총탄 2~3발을 막아낼 뿐 같은 곳에 4발 이상 공격을 받으면 견디지 못한다. 따라서 방탄유리는 첫 공격 후 현장을 벗어날 때까지 한시적인 역할을 할 뿐이다.

(2) 방탄차량의 엔진

- 앞서 설명한 방탄차의 레벨로 B7 수준의 방탄차는 무게가 최소 3톤에 이를 정도로 무거워지기 때문에 보통 차보다 순발력이 떨어지고 승차감도 생각만큼 좋지 않다.
- 방탄 정도가 높은 차일수록 충분한 힘을 얻기 위해 5,000cc급 이상의 차를 기본 모델로 삼고, 방탄작업을 거친 다음에는 출력을 높이기 위해 엔진과 서스펜션을 다시 튜닝하기도 한다.

(3) 방탄차량의 가격

- 방탄 수준과 장비에 따라 천차만별이며 개조가 아닌 완성차 업체에서 자체적으로 나오는 방탄 모델은 벤츠와 BMW가 대표적이다.
- 벤츠 S600L 풀만 가드는 10억 정도
- BMW 760Li High Security 8억 정도, BMW X5 High Security 5억 정도
- 캐딜락 원은 11억 원 이상
- 현대 EQUS 20억 원 추정

2) 방탄차량 생산기업

(1) 메르세데스 벤츠

세계적으로 가장 널리 사용되는 방탄차는 메르세데스 벤츠의 가드(Guard) 시리즈이다. 벤츠의 방탄차 제작 역사는 1928년으로 당시 방탄 개념을 도입한 첫차 460 뉘르부르크(Nurburg)를 내놓고, 1930년에 선보인 770K는 일본 천황 히로히토가 애용하기도 했다. 1964년 벤츠 S600을 비롯해 90년대 중반까지 주로 S클래스 모델의 방탄차를 선보여 왔지만 1996년 B6 규격의 E420 방탄차를

선보인 데 이어 2001년에는 G500에도 B6과 B7 규격의 방탄차를 내놓았다.

벤츠는 현재 E320과 E500, S500, S600, G500 등 5종류의 방탄차를 선보이고 있다. 이 가운데 E320과 E500은 권총탄을 막을 수 있는 B4 규격으로만 나오고, S500과 S600은 B4와 B6, B7 버전이 나온다. 특히 SUV인 G500은 B6과 B7 두 가지 버전으로만 출시된다.

이 중 가장 대표적인 모델은 S600으로, V12 5.5X 500마력 엔진을 얹고 최고시속 210km의 성능을 낸다. S600 가드의 겉모습은 보통 S클래스와 구별하기 힘들지만 유리는 플라스틱의 혼합물질로 되어 있고 차체 곳곳을 특수 강철로 감싸고 있다.

앞서 설명한 바와 같이 1930년대부터 방탄차를 개발한 독일의 벤츠는 770(W07) 그랜드 메르세데스를 방탄차로서 첫 생산하였다. 이 차는 2700kg 무게에 7700cc 배기량과 8기통 엔진을 장착했다. 독일뿐 아니라 각국의 정상들은 1960년대부터 메르세데스 벤츠 600을 방탄 리무진 차량으로 사용했다.

특히 2008년 9월 자사 방탄차 출시 80주년을 맞아 The new S600 풀만 가드를 선보였다. 이 차는 독일 정부에서 공인 테스트한 결과 최상급 보호 수준인 B6/B7 안전등급을 받았다. 일반 소총은 물론 수류탄, 대전차 로켓까지 방어가 가능한 수준이다.

(2) BMW

BMW의 방탄차는 Security 시리즈로 선보이고 있다. 현재 BMW의 방탄차는 760Li와 730i, 330i, X5 4.4i 등 4가지로 구분되며 특히 760Li High Security는 독가스 등의 화생방 공격에도 견디는 유럽 최고 등급 B7을 만족시키는 방탄차이다. 또한 X5 4.4i를 방탄차로 꾸민 X5 시큐리티 모델은 전통적으로 세단이나 리무진에 한정되어 있던 방탄차의 영역이 SUV로 확대한 최초의 모델이다. X5 Security Plus는 높은 지상고와 4WD 시스템을 갖춘 SUV의 특성을 살려, 어떤 지형에서도 경호대상자를 보호하는 특징을 가지고 있다.

X5 4.4i Security는 20mm 두께의 방탄유리에 폴리카보네이트 코팅을 입혀 강력한 44구경으로부터 경호대상자를 지켜낸다. 또한 차체 구조에서 취약한 B 필러 부분을 강화해 캐빈룸의 강성을 크게 높였다. 런플랫 타이어는 네 바퀴의 바람이 완전히 빠진 상태에서도 시속 48km로 80km의 거리를 달릴 수 있다. 방탄장비를 더하면서 무게가 크게 늘었지만 V8 4.4X DOHC 320마력 엔진과 신형 4WD 시스템 엑스드라이브(xDrive)가 노면 상황을 가리지 않고 높은 접지력을 보인다. 최고시속 209km, 0 → 시속 100km 가속 7.6초의 성능을 가지고 있다.

지난 1999년 6월 BMW 코리아는 김대중 대통령이 몽골을 방문할 때 방탄차가 부족한 몽골의 사정을 고려해 방탄차인 740i AL을 제공한 바 있다.[9)]

- 서스펜션의 마운트와 부싱까지 늘어나는 무게를 고려해 제작된 것이고 문틈으로 날아 들어올 수 있는 포탄의 파편까지 막을 수 있다.
- 방탄 유리의 두께도 6cm에 달한다.
- 실내에는 외부와 연락을 취할 수 있는 시스템이 설치되어 있다.
- 공격 알람 시스템으로 가스 공격이 감지될 경우 자동으로 내부 공기 순환장치가 작동하며, 만약 유해 가스의 수위가 위험하다고 판단될 경우에는 모든 유리창이 자동으로 닫히며 도어록도 잠긴다.
- 만일의 사태에 대비해 센터 콘솔에는 기관총 케이스도 있다.
- 엔진은 407마력의 힘을 내는 4.4리터 V8 트윈 터보 또는 544마력의 6리터 V12 트윈 터보 중에서 고를 수 있다.
- 750Li 하이 시큐리티의 0 → 100km/h 가속 시간은 7.9초, 760Li 하이 시큐리

9) 이 모델의 A는 방탄을 뜻하는 Armor의 약자로, 가스공격까지 차단하는 B7 수준의 안전성을 자랑한다.

티는 6.2초이며 최고 속도는 210km/h에서 제한된다.

- 모든 7시리즈 방탄차는 BMW의 딩골핑 공장에서 생산된다.

(3) 캐딜락

GM은 캐딜락 드빌의 방탄차 버전을 선보였다. 오랫동안 대통령 전용차를 만들어온 캐딜락의 노하우가 그대로 담겨 있는 드빌 방탄 버전은 캐딜락과 미국 내 최대 방탄차 개조업체인 스칼렛 몰로니의 합작품이다.

2004년형 캐딜락 드빌 방탄차 버전은 일반형과 같은 스탠다드 세단과 길이를 8인치 늘린 스트레치드 두 모델로 나오고, 고객의 개별적인 요구에 따라 다양한 옵션을 더할 수 있다. 새로운 인테리어 색상과 냉난방 기능을 갖춘 시트, 열선이 내장된 스티어링 휠 등 2004년형 드빌의 편의장비를 모두 갖추고 있다.

캐딜락 프레지덴셜 리무진은 오바마 대통령의 의전용 차량으로 취임식에서 첫 선을 보였다. 이 리무진은 2004년의 캐딜락 프레지덴셜 리무진의 후속 모델이며 더욱 완벽한 안정성으로 다시 태어났다. 코드네임은 스테이지코치, 공식 차명은 캐딜락 원이다.

외관을 DTS를 확장한 스트레치드 리무진이지만 내용은 전혀 다르다. 포장을 DTS로 했을 뿐 어떤 종류의 외부 공격에도 견뎌내기 위해 트럭 플랫폼을 베이스로 했다. 수류탄을 포함한 각종 폭발물은 물론 로켓포에도 견딜 수 있도록 차체를 보강했으며 하체만 해도 GMC 대형 트럭의 부품이 다수 채용되었다.

캐딜락 원은 로켓포도 막을 수 있을 정도로 단단하며 생화학 공격도 막을 수 있도록 도어실을 꼼꼼히 막았다. 도어의 두께는 20.3cm로 보잉 757과 동일할 정도로 두껍다. 타이어는 굿이어가 제공한 리저널 RHS로 펑크가 난 상태에서도 주행이 가능하다. 또 특수 제작된 스틸 휠은 타이어가 없는 상태에서도 저속 주행할 수 있다.

실내는 인터넷뿐만 아니라 모든 종류의 통신장비가 갖춰져 있으며 독자적인 산소공급 시스템과 나이트 비전, 소화기, 산탄총도 구비되어 있다. 심지어는 만약의 사태를 대비해 응급 수혈도 가능하다. 4.5톤에 달하는 차체 중량 때문에 최고 속도는 100km/h 이하에 머물며 연비는 3.2km/L에 불과하다. 캐딜락 원은 25대가 제작된 것으로 알려졌다.

대통령 취임 행사에 올 뉴 캐딜락 프레지덴셜 리무진을 처음 공개해 대통령 차는 캐딜락이라는 입지를 공고히 하였다. 이 차는 무게만 3t이 넘고 높은 중량 때문에 연비는 3.2km/L에 그치고, 최고 시속은 97km밖에 안 된다.

또한 캐딜락 드빌 방탄 버전을 선보인 GM은 캐딜락 에스컬레이드와 허머 H2S 등의 방탄 버전도 내놓을 계획이다. 이들 방탄 모델은 일반형에 비해 최소 3만5천 달러 비싸질 전망이다.

(4) 아우디 & 폭스바겐

아우디와 폭스바겐은 독일의 방탄차 제조업체인 트라스코에 위탁해 방탄차를 제작하고 있다.[10] 아우디는 A6와 A8 등 주로 고급차를 방탄차로 개조하고 폭스바겐은 대중차에 가까운 파사트를 방탄차로 만든다. 최근 남미 등에서 소형 방탄차의 수요가 크게 늘자 폭스바겐 골프 방탄차도 만들기 시작했다.

---

10) 트라스코는 80개의 정부와 5개의 세계적인 NGO, 그리고 500여 개 이상 업체와 유럽의 군대, 경찰 등에 방탄차를 납품하고 있는 대표적인 방탄차 제조 전문 업체이다. 권총탄을 막을 수 있는 B4 등급부터 폭탄 공격을 견딜 수 있는 국가원수용 B7 등급까지 모든 방탄차를 생산한다. 트라스코는 차의 윈도는 물론 바닥과 천장, 도어, 앞 뒤 승객석 격벽, 휠과 타이어를 방탄 처리할 뿐만 아니라 새시 튜닝까지 하고 있다.

3) 국가정상의 방탄차

지난 G20 정상회의를 살펴보면 우리 정부가 각국 정상들에게 에쿠스 리무진 방탄차를 제공하기로 했으나, 이번 정상회의 기간에 미국 오바마 대통령, 러시아 드미트리 메드베데프 대통령, 독일 앙겔라 메르켈 총리는 자국에서 가져온 방탄차를 이용한 것으로 알려졌다. 이처럼 경호에 있어서 차량의 비중은 중요하게 다루어지고 있다.

(1) 한국

우리나라 역대 대통령 중 방탄차를 처음 탄 사람은 박정희 대통령으로 모델은 1970년형 캐딜락 드빌 세단이었다. 당시에는 우리나라 독자적 기술로는 개발이 힘든 상황이었다.

박정희 대통령의 캐딜락[11)]

11) 출처: 박정희대통령 의전용 세단(朴正熙大統領 儀典用 세단), 문화재청

하지만 마침내 2009년 현대자동차는 방탄차 개발을 성공적으로 이루어냈다. 이는 세계 주요정상들이 자국산 방탄차를 사용하고 있는 분위기 반열에 들게 된 것이다. 현대 에쿠스 방탄 모델은 일반적인 방탄차가 갖추어야 할 조건들을 모두 갖추었으며, 에쿠스 리무진 방탄차는 2010년 개최된 G20 정상회담의 의전차량으로 사용되었다. 세계에 대한민국이라는 브랜드를 널리 알릴 수 있는 기회에 현대자동차는 자체적으로 개발한 에쿠스 리무진 방탄차를 제공함으로써 브랜드 이미지를 개선시키는 데 큰 효과를 노릴 수 있었다. 이후 G20 정상회담이 끝난 후, 회담기간에 사용된 에쿠스 리무진 약 60여대는 사전 예약자에게 판매되었으며, 약 1,000여 명의 예약자가 몰려들었다고 한다.

현대 EQUS[12)]

12) 출처: "대통령, 에쿠스 방탄차 탄다", 연합뉴스, 2009.09.28

한국의 방탄차 도입은 과거 우리나라 대통령은 메르세데스 벤츠와 BMW의 최고급 모델인 S600과 760Li를 개조한 방탄차를 이용해왔다. 그러나 2009년 국내 완성차업체가 방탄차를 개발함에 따라 이명박 대통령부터 사용하게 된 것이다. 현대자동차는 2009년 9월 28일 청와대에 에쿠스 리무진 방탄차량 3대를 기증하였으며, G20 정상회의 등 국내에서 치러진 대규모 국제행사에서 사용하면서 부터이다.

방탄차의 수준은 국제보호등급에서 최고 수준으로 평가 받고 있는 벤츠, BMW 방탄차량의 수준으로 근접에서 TNT 15kg의 폭발물과, AK 47의 소총 탄환을 막아내며 타이어(던롭 제품)로 내부의 지지물이 제작되어 타이어가 터져도 시속 80km 이상으로 달릴 수 있는 특수타이어가 장착되어 있으며 타이어가 완전히 파손되더라도 휠만으로 주행이 가능하도록 설계되어 있다. 현대·기아차 남양연구소에서 특수 제작한 것으로 알려졌다.

(2) 미국

미국 대통령은 자국의 브랜드인 캐딜락을 경호차량으로 사용하고 있다. 국내에서 치러진 G20정상회의 때도 미국에서 직접 공수하여 이용하였다. 이 차는 전 세계 어느 곳이나 통화할 수 있는 최고의 위성통신시설을 갖추고 있다.

하지만 이 차는 안정성에 초점을 맞춘 나머지 차체 중량이 높아져 시속 100km 정도밖에 안 된다는 특징을 가지고 있다.

가장 먼저 방탄차를 탄 대통령은 프랭클린 루즈벨트(32대)이다. 그는 이동하는 도중 저격을 받고난 후 링컨 콘티넨탈 컨버터블(1939년형)을 중무장한 방탄 리무진으로 개조해서 탔다. 이 방탄차는 V12 엔진을 얹고 두께 24mm의 방탄유리와 방탄타이어, 경기관총 등을 갖추고 있었으며 무게만 4t이 넘었다. 이후 1938년 캐딜락은 더욱 완벽해진 퀸 메리와 퀸 엘리자베스 두 대의 방탄차를 백악관에 납품하였다.

차기 대통령인 트루먼 대통령(33대)은 링컨 코스모폴리탄(1949년형)을 이용하였으며 특히 타이어 안에 금속으로 입힌 튜브를 넣은 런 플랫 타이어를 최초로 사용하였다.

케네디 대통령(35대)은 1963년 암살당할 당시 링컨 프레지덴셜 콘티넨탈 컨버터블 SS 100 X(1962년형)을 사용하였다. 이 차의 특징은 지붕을 벗길 수 있는 컨버터블형이었는데, 케달라스에서 지붕을 연 채 군중들에게 답례하며 퍼레이드를 하다가 오스왈드의 저격을 받아 사망하자 이후 컨버터블형 미국 대통령 전용차는 더 이상 생산하지 않게 되었다.

닉슨 대통령(37대)은 링컨 콘티넨탈(1967년형) 방탄 리무진을 탔다. 이 차는 특히 실내에서의 대화가 차 밖으로 새어나가지 않았고 반대로 바깥 군중의 환호소리는 잘 들을 수 있는 음향장치를 통해 들을 수 있었다.

빌 클린턴 대통령(42대)은 캐딜락 플리트우드(1993년형) 리무진을 탔다. 빌 클린턴 대통령의 방탄차는 당시 전 세계 최고의 성능과 안전성을 자랑했다. 이때부터 대통령이 해외를 방문할 때에는 방탄차가 항상 해당지역에 운반되어 사용되었는데, 이는 보안 및 각종 첨단 통신시설을 이용해 언제 어디에서라도 비상사태가 발생했을 때 대통령이 중요한 의사결정을 내릴 수 있도록 하기 위해서였다.

이후 2001년 조지 부시 대통령이 타고 등장한 캐딜락 드빌 리무진은 기술적인 면에서 다시 한 번 세계적 각광을 받았다. 총 7명이 편안하게 앉을 수 있는 좌석과 방탄 장갑을 갖추었고 나이트 비전과 각종 통신 시스템, 컴퓨터, 완벽한 오디오 시스템을 얹고 있다. 또한 뒷좌석 등받이와 발 받침대 등을 자유롭게 조절할 수 있고 10CD 체인저를 갖추고 있었다.

(3) 독일

독일의 총리는 자국의 브랜드인 Audi A8L Security를 이용한다. 아우디 방탄차의 특징은 비상 상황에서 차 문 4개가 튕겨져 나가 신속한 탈출을 돕는 특허 기술이 적용된 것으로 알려졌다. 또한 500마력의 힘을 내는 12기통 6300cc 엔진으로 시속 200km까지 달릴 수 있다.

(4) 일본

일본 총리는 자국의 브랜드인 도요타 센추리와 렉서스의 LS600hL인 것으로 알려졌다. 도요타의 12기통 5L 엔진을 장착한 센추리는 도요타의 최고급 모델로 정·재계 인사들이 애용하는 모델인 것으로 알려져 있다.

(5) 기타

영국의 엘리자베스 여왕은 벤틀리나 롤스로이스 등 영국 차를 이용하며, 프랑스 대통령은 푸조 407, 시트로엥의 DS5 방탄차를 탄다. 교황 베네딕토 16세가 이용한 벤츠에서 특수 제작해 제공한 M클래스 의전차는 뒷좌석이 높은 위치에 있고, 사방이 유리로 되어 있어 군중에게 모습을 보여줄 수 있도록 제작되어 있다.

벤츠 M클래스 교황 전용 방탄차[13)]

13) 출처: “교황 요한 바오로2세 방한”, 연합뉴스, 2005.04.03

Chapter 07 경호조직

1 경호조직의 발달

한국(ROK)의 경호기관은 1949년 초대대통령인 이승만을 위한 경찰의 경호가 시작이며, 1963년 박정희정부 출범과 함께 대통령경호를 위한 별도의 조직인 대통령경호실이 창설되어 현재까지 두 조직의 혼합경호(Hybrid Security)를 수행하고 있다.

최초는 경무대경찰서로 1949년 창덕궁경찰서가 폐지되고 중앙청 및 경무대 구내를 관할 경무대경찰서 신설하면서, 1949년 12월 내무부훈령 제25호에 의해 경호규정이 제정되어, 최초로 "경호(警護)"라는 용어가 공식적으로 사용되었다. 경무계, 사찰계, 경비계로 편성하여 경호대상은 대통령, 부통령, 외국원수, 국회의장, 대법원장, 국무총리 및 각부장관 또는 외국의 사절, 기타 내무부장관 및 도지사가 필요하다고 인정하는 인사로 하였다.

둘째로 1961년 5.16 혁명 이후 박정희 국가재건최고회의장을 경호할 목적으로 임시로 편성 국가재건최고회의의장 경호대가 존재하였으나 1961년 중앙정보부 창설과 동시에 그해 9월 중앙정보부 내훈으로 경호규정이 제정되어 중앙정보부경호대로 흡수되어 통합되었다. 중앙정보부 경호대는 국가원수, 최고회의의장, 부의장, 내각수반, 국빈 및 기타 경호대장이 지명하는 주요인사로 하였다.

지금의 대통령경호처는 1963년 12월 박정희대통령 취임과 함께 대통령경호실법이 제정되어 대통령경호실 출범하여 대통령과 그 가족, 대통령으로 당선이 확정된 자 및 경호처장이 특히 필요하다고 인정되는 국내외 요인으로 명시되었다.[1)]

2 경호조직의 비교

지금까지 한국 경호기관인 대통령경호처(Presidential Security Service)와 경찰(National Police Agency)은 한국전쟁이후 주로 북한특수부대에 의한 경호대상자에 의한 수많은 암살위협과 테러방지 업무를 수행하였고 그 대표적인 사례는 1968년 청와대 기습침투사건, 1974년 서울에서 박정희대통령 암살시도 사건, 1983년 미얀마에서 전두환대통령 암살시도사건 등이 있었다.

현재는 아셈(Asia-Europe Meeting), 에이펙(Asia Pacific Economic Cooperation), G20(Group of 20)정상회의, 핵안보정상회의(Nuclear Security Summit) 와 같은 국제적인 대규모 행사를 성공적으로 완수하여 국제적 찬사를 받고 있다. 대통령경호처와 경찰의 교육훈련과 법적 근거를 비교하여 보면 다음과 같다.

1) 대통령경호처 경호교육

한국의 대통령경호처는 경호처장 소속으로 경호안전교육원을 두어 경호와 관련되는 교육훈련을 실시하고 있다. 또한 종합훈련장, 사격장, 무술실습장 등 첨단교육시설과 교육프로그램을 갖고 있다.

---

1) 1970년대 이후 급속한 경제성장을 이루며 국제사회 일원으로 거듭나게 되었다. 그 과정에서 초기에는 경호조직의 권위적인 색채가 짙었지만 이후 경제적 번영으로 국민들의 삶과 의식수준은 높아졌고 인터넷을 비롯한 정보통신의 발달에 따른 민주주의 성장은 국가정상의 경호도 국민친화적으로 변모할 뿐만아니라 첨단화 시스템이 경호활동에 도입되었다.

대통령경호처의 경호원 교육은 사격술, 정보판단능력, 체력단련, 경호기법, 호신술, 테러예방책, 차량 및 기본 장비의 조작 등을 포함한 교육을 실시하는 것으로 알려져 있다.

대통령경호처 경호안전교육원의 주요업무

구분	내용
주요업무	- 경호안전관리 관련 학술연구 및 장비개발 - 대통령경호처 직원에 대한 교육 - 국가 경호안전 관련 분야에 종사하는 공무원에 대한 교육 - 경호안전 관련 단체에 종사하는 사람에 대한 교육 - 대통령경호안전대책위원회 관련 기관 소속 공무원 및 처장이 필요하다고 인정하는 사람에 대한 교육 - 그 밖에 국가 주요 행상 안전관리 분야에 관한 연구·조사 및 관련 기관에 대한 지원

이 밖에도 한국의 대통령경호처에서는 신규임용과 승진임용에서도 교육훈련성적이 반영 되고 있으며 교육훈련의 비중을 점차 확대하고 있다.

「대통령 등의 경호에 관한 법률」

구분	내용
업무범위	- 대통령과 그 가족 - 대통령 당선인과 그 가족 - 퇴임 후 10년 이내의 전직 대통령과 그 배우자 - 대통령권한대행과 그 배우자 - 대한민국을 방문하는 외국의 국가 원수 또는 행정수반과 그 배우자 - 그 밖에 처장이 경호가 필요하다고 인정하는 국내외 요인
업무근거	경호 목적상 불가피하다고 인정되는 상당한 이유가 있는 경우에만 경호구역에서 질서유지, 교통관리, 검문·검색, 출입통제, 위험물 탐지 및 안전조치 등 위해 방지에 필요한 안전 활동을 할 수 있다.

대통령경호처의 경호활동에 대한 개념은 "경호대상자의 생명과 재산을 보호하기 위하여 신체에 가하여지는 위해를 방지하거나 제거하고, 특정 지역을 경계 · 순찰 및 방비하는 등의 모든 안전 활동"으로 정의하고 있다.

2) 경찰의 교육

한국 경찰교육기관에서는 순경(24주), 간부후보생(1년)의 교육이 이루어지고 있으며, 다양한 치안수요에 맡게 경무, 보안, 교통(오토바이), 경비, 작전, 수사, 정보, 대공, 외사, 통신, 해양, 항공, 운전 등에 맞추어 특수분야 교육훈련도 이루어진다.

경찰의 경호는 경찰청 경비국 산하 경호과가 있으며, 서울지방경찰청의 경비2과 소속으로 경호팀이 구성되어 있다. 또 지방경찰청 단위로 경비과가 있어 경호계획을 수립하고 관할지역에서의 경호업무를 임무를 수행하고 있다.

이외에도 경찰에서는 대통령경호를 목적으로 대통령경호처에 101경비단, 22경찰경호대, 202경비대를 파견하고 있다.

「경찰관직무집행법」

구분	내용
업무범위	- 국민의 생명·신체 및 재산의 보호 - 범죄의 예방·진압 및 수사 - 경비, 주요 인사(인士) 경호 및 대간첩·대테러 작전 수행 - 치안정보의 수집·작성 및 배포 - 교통 단속과 교통 위해의 방지 - 외국 정부기관 및 국제기구와의 국제협력 - 그 밖에 공공의 안녕과 질서 유지
업무근거	수상한 행동이나 그 밖의 주위 사정을 합리적으로 판단하여 볼 때 어떠한 죄를 범하였거나 범하려 하고 있다고 의심할 만한 상당한 이유가 있는 사람이나 이미 행하여진 범죄나 행하여지려고 하는 범죄행위에 관한 사실을 안다고 인정되는 등의 사람을 정지시켜 질문 할 수 있다.

경찰의 경호활동에 대한 개념은 "경호대상자의 신변을 각종 위해로부터 방지하는 경호활동으로써 경호대상자가 통과하는 연도와 숙박 장소, 열차, 선박, 항공기 등 필요하다고 인정되는 장소를 경계하여 안전을 기함을 목적으로 하는 경비활동"으로 정의하고 있다.

3) 비교적 논의

경호기관의 교육훈련은 경호대상자를 안전하게 보호 할 수 있는 능력을 갖추도록 기술을 가르치는 것이다. 교육훈련에 대하여 전문가들은 미래를 위한 투자라고 하며, 교육훈련 내용이 주로 미래에 일어날 일들을 예상하고 이에 대한 대비를 위하여 교육시키는 것이라고 한 것은 교육훈련의 의의를 잘 대변한 것이라고도 한다.

한국 경호기관의 법적근거를 비교분석한 결과 경호업무가 경찰의 실직적

업무임에도 불구하고 주도적 위상을 갖지 못하고 있었으며 현재 대통령경호처는 1선 경호업무를 전담하고 있으나 경찰은 2, 3선의 경호업무를 전담하고 있었으며, 핵심적인 경호업무는 대통령경호처에서 전담하는 반면 경찰의 지원업무를 수행하고 있다. 또 직무에 대한 처우에서도 대통령경호처에 비해 경찰은 열악한 실정이다.

세계 각국의 경호조직은 국가마다 다른 특성을 지니고 있으며 그 주체도 경찰과 군 그리고 정보기관으로 구분 되어 있으며 현재 미국을 제외한 G7국가들은 모두 경찰이 주도적으로 경호체제를 유지하고 있다.

현대적 국가치안기관의 시초인 영국에서는 경호업무는 수도경찰청 특별작전국 산하 보안경호부(Protection and Security)에서 맡고 경호단 (Protection Command)과 경비단 (Security Command), 그리고 대테러단 (Counter Terrorism Command)이 설치되어 있으며, 그 아래에는 7개의 세부적인 부서들이 설치될 만큼 업무 범위가 다양하지만 통합된 교육훈련과 법적근거를 적용하고 있다.[2)]

이와 같은 영국은 교육훈련과 경호업무의 법적근거를 명확히 하고 경호기관의 구성원에 대한 최종적인 임무가 부여되지만 우리나라에서는 대통령경호처와 경찰의 혼합경호체계가 유지되고 있지만 교육훈련은 각각 이루어지고 있으면 법률적 명확한 업무구분이 이루어지지 않고 있다.

한국 경호기관의 최종 목적은 암살, 납치 등 신체적 위해로부터 경호대상자를 보호하는 것이며, 주도면밀한 범행의 성공기회를 최소화하거나 무력화하는데 있다.

2) (1) 특별경호과 (Special Protection) (2) 왕실경호과 (Royalty Protection) (3) 외교사절 경호 및 외국공관 경비과 (Diplomatic Protection) (4) 하원청사 경비과 (Palace of Westminster), (5) 공항경비과 (Aviation Security), (6) 대테러 보호 경비과 (Counter Terrorism Protective Security Command), (7) 대테러단 (Counter Terrorism Command) 이다.

경호의 공통의 목적

구분	내용
신변보호	경호대상자에 대한 직접적인 위해를 방지 및 제거함으로써 신변을 안전하게 보호
권위유지	방한하는 경호대상에 대한 완벽한 경호는 한국에 대한 이미지를 향상
질서유지	군중을 한곳에 집결을 저지 하는 등의 적절한 조취를 통한 혼잡방지와 질서유지 기능
국민친화	경호대상자와 군중의 빈번한 접촉에 체계적인 경호로 민주적 친화력 향상

따라서 한국 경호기관은 공통의 목적에 부합할 수 있는 통합된 경호교육 시스템 구축과 명확한 법적근거의 마련은 반드시 필요할 것으로 생각되며 이 연구를 통하여 한국의 경호기관은 대통령경호처와 경찰의 통합된 교육훈련기관과 법적근거를 마련함으로써 효율성과 전문성을 향상이 필요하다.

3 경호조직 관리

1) 경호조직 관리의 개념

우리나라에서는 경무대경찰서에서 초대 이승만대통령의 경호를 맡다가 5.16 혁명이후 박정희정권(제3공화국) 출범과 함께 「대통령경호실법」이 제정되어 현재까지 그 명맥을 유지하고 있으며, 현재 대통령과 같은 국가정상의 경호를 위하여 「대통령 등의 경호에 관한 법률」과 「경찰관직무집행법」이 법적 근거가 되고 있다. 또한 「대통령경호안전대책위원회」를 통하여 경호유관과의 협조체제를 마련하고 있다.

우리 국가정상급 경호에 대한 위협은 한국(6·25)전쟁 이후 계속된 북한의 테러와 전쟁의 위협 속에서 발전을 거듭하였으며, 지금은 대규모 국제행사를 성공리에 치루며 세계 주요선진국에서도 그 능력을 인정하고 있다.

경호는 업무의 성격상 개인적 작용으로 이루어지지 않고 기관단위작용으로 이루어진다. 기관단위라는 것은 그 경호기관을 지휘하는 지휘자가 있고 지휘를 받는 하급자가 있으며 하급자를 관리하기 위한 지휘권 장비가 편성되며 임무수행을 위한 보급지원체제를 갖추고 있어야 한다. 기관단위의 관리와 임무의 수행을 위한 결정은 지휘자만이 할 수 있고 경호의 성패는 지휘자만이 책임을 지는 것이다. 그리고 기관단위로 업무가 수행되는 경우 또 다른 특징은 하명에 의하여서만 임무가 이루어진다는 것이다. 다시 말하면 평상시에 계속적으로 이루어지는 업무가 아니고 어떠한 경호업무의 대상이 발생하였을 경우에 지휘자의 명령에 의하여 업무가 이루어진다는 것이다.[3)]

따라서 경호현장에 대한 경호계획을 세우더라도 경호운용에 차질이 많이 생긴다. 항상 행사장에서나 어디에서나 변수가 일어나므로 상황대처가 현장에서 직감적으로 이루어져야 하기 때문이다. 따라서 지휘체계는 중요하며 많은 경험을 가진 지휘자를 필요로 하며, 경호조직 관리에 다음과 같은 점을 유의해야 한다.

경호조직 관리자는 구성원 각각에 대한 높은 이해력으로 개인의 업무성격을 인지하여야 한다. 입직경로, 업무분야로 구분되어 업무적으로 수행경호 현장에서 경호기법, 선발경호 현장에서 경호기법 등이다.

세부적으로 보면 경호기법은 반복 훈련을 하고 있기 때문에 큰 차이는 없고 개인 간의 사격, 무도, 전투 능력은 반드시 차이가 존재하기 때문에 우발상황 대응능력은 차르다. 그런데 경호에서 가장 중요한 것은 업무전문성에 해당하는 육탄경호 즉 충성심이다.

3) 김두현. (2004). 경호학개론. 백산출판사.

따라서 입직경로과정의 엄격한 선발은 매우 중요하며 이후 경호업무 매뉴얼에 따른 훈련이 필요하다.

대통령과 같은 국가 주요요인의 안전은 국가 미래에 절대적 영향을 미치고 있어 경호조직 관리자는 구성원 개개인의 업무특성과 자질 등 경호기관은 구성원에 대한 높을 이해력을 가지고 있어야 한다. 경호기관은 구성원의 개인 간의 차이를 면밀히 검토하여 경호업무에 부정적 영향을 미치는 것을 미연에 방지하고, 경호대상자와 경호상황과 환경에 적합한 경호원을 구분하여 적용한다면 효과를 극대화 할 수 있을 것이다.

2) 경호조직 관리자의 조직개편

우리 경호기관은 아셈(ASEM), 에이펙(APEC), G20과 같은 대규모 국제행사를 성공리에 치러 세계적 수준의 경호를 입증한 바 있으며, 최근 들어서는 2012 핵안보정상회의를 성황리에 끝마친 바 있다.[4)]

하지만 민주주적인 정권이양을 거치며 정권에 따라 북한에 친화적인 정권이 들어서기도 하며 북한과 대북정보를 다루고 있는 안보기관은 정치적인 관점에서 권한이양, 조직축소, 인사단행과 급격한 변화를 주어 일괄성 있는 정책을 추진할 수 없으며 실제 대통령 경호기관도 대통령경호실, 대통령실 경호처, 대통령 경호처와 같이 명칭변경과 관리자의 직급이 정권에 따라 바뀌고 있다.

하지만 세계 유일의 휴전국으로 북한의 위협은 계속되고 있으며 끊임없는 테러공작에 경호조직의 관리자는 이러한 문제를 극복하고 경호대상자의 변함없는 안전을 도모해야 한다.

4) 특히 G20 행사는 회원국 정상 20명을 포함해 국가원수급만 30명 이상이 방한한다. 또 각국 정상수행원, 언론인, 경호인력 등을 포함하면 1만 5000여 명이 우리나라를 찾았다. 그리고 G20에 동원되는 경찰력은 4만 5000여 명의 단계적으로 동원되었다.

3) 경호조직지휘의 일관성

경호원은 다수가 있을 수 있으며 또 있어야 하지만, 지휘는 단일해야 하고 이를 분할할 수는 없다. 지휘가 단일해야 한다고 하는 것은 경호기관은 한 사람의 지휘를 받아야 한다는 말이다. 다시 말하면 하나의 경호기관에는 반드시 한 사람의 지휘자만이 있어야 한다는 뜻이다. 만일 지휘자가 여러 명 있을 경우 이들 사이에 의견의 합치는 어렵게 되고, 행동도 통일되기가 쉽지 않다. 또한 상급 감독자나 하급보조자가 지휘자의 권한을 침해한다면 전체 경호기구는 혼란에 빠지게 되고, 그 규율은 문란해져서 전 기관의 경호원은 누구의 지시를 받아야 좋을지 모르게 되어, 경호조직은 마비상태가 될 우려가 크기 때문이다.[5)]

이와 같이 경호조직은 한 사람의 지휘를 받아야 한다는 것이 특징인데, 지휘단일성의 원칙이 엄격하게 준수될 경우 모든 경호전문가의 제안을 받아들이기 곤란하여 불합리한 경우가 발생될지도 모르지만, 이는 원칙을 위배함으로써 야기되는 혼란 등에 비하면 그렇게 중요한 문제는 아니라고 본다.[6)]

4 경호대상자의 지시와 경호원칙

경호대상자의 지시와 경호원칙이 대립되는 사례로 노무현 전 대통령 서거와 같이 경호대상자의 지시와 경호원의 판단의 대립될 때의 상황이다.

노무현 대통령 서거 당시 사건기록 발표를 살펴보면 노무현 대통령은 당시 수행중인 경호원 L씨에게 "정토사에 주지가 있는지 보고 오라"고 하였는데,

5) 김두현. (2004). 경호학개론. 백산출판사.

6) V. A. Leonard. (1951). Organization and Management. Washington: The Foundation Press Inc.

이때 경호원 L씨는 경호대상자의 명령에 따라 움직여야 하는가? 아니면 경호원칙에 입각하여 경호대상자의 명령을 거부하고 경호대상자의 근접경호업무를 계속하여야 하는가? 이다.

이처럼 경호대상자의 지시와 경호원칙 사이에서 경호원이 느끼는 딜레마 상황에 관한 이론적 논의가 필요하다.

당시 노무현 전 대통령 경호등급 2009년 퇴임 후 2년차였으므로 대통령경호처 소관의 '갑'호 경호대상자로 경호의 수준은 국가정상급으로 이루어지고 있었다.[7)]

---

7) 노무현 전 대통령 서거 과정

① 이상심리 발생

가족의 뇌물 수수혐의로 검찰 수사를 받던 노무현 전 대통령은 극단적인 선택을 한 것은 자신의 정치적 자산인 도덕성에 상처를 입고, 검찰의 수사 내용이 실시간으로 중계되면서 모욕을 당했기 때문이라고 생각한 것으로 보이며 이러한 과정에서 노무현 전 대통령은 우울증과 같은 이상심리가 발생하였을 것으로 보고 있다.

② 사건경위

경찰은 노무현 전 대통령은 수행하였던 경호원 L씨를 인근 정토사로 심부름을 보낸 후 자리를 비운 사이에 투신하신 것으로 추정된다고 밝혔다. 그러나 경호원 L씨는 자책감 때문에 노무현 전 대통령이 "담배 있나? 저기 사람이 지나가네"라고 한 후 뛰어내렸다고 거짓 진술을 하기도 하였다.

하지만 경호원 L씨가 진술을 번복하고 휴대전화 교신 기록이 발견되면서 이 같은 사실이 밝혀졌다. 경호원이 초기 수사에서 사망 당시 곁에 있지 않았다는 사실을 감추고 진술을 계속 번복한 것에 대해 경찰은 경호 실패에 대한 문책을 두려워한 때문으로 보인다고 설명했다. 그리고 노무현 전 대통령이 정확하게 언제 투신했는지는 알 수 없다고 하였다.

③ 사망확인

2009년 5월 23일 11시 양산 부산대학교 병원에서 기자회견을 통해 노무현 전 대통령 사망의 직접 원인은 두부외상으로 판단된다고 발표하였다. 공식발표에 의하면 23일 8시 13분 경 인공호흡을 시행하며 부산대병원 응급센터로 이송되었다. 도착 당시 의식과 자발 호흡이 없었으며, 심전도 모니터 상에 박동이 없었다고 밝혔다.

④ 수사결과

경찰은 노무현 전 대통령이 오전 8시 50분경 서거한 것으로 밝히고 서거 원인을 투신자살로 최종 결론지었다. 노무현 전 대통령은 오전 6시 40분경 경호원과 함께 간단한 복장으로 사저 인근 뒷산으로 등산하던 중, 10분 뒤 벼랑에 떨어져 크게 다쳤다. 노무현 전 대통령은 7

이러한 경호대상자와 경호원의 의견 대립상황에서 경호원의 판단이 우선되어야 하는 것은 경호원의 심리교육을 통해 경호대상자의 이상심리 발견하였을 때 경호원칙을 준수하는 것이며, 이를 위해서 경호대상자의 이상심리 증상의 사전 정보가 필요하며 이를 토대로 경호 경호운영을 해야 한다.

하지만 경호원들이 경호대상자의 지시를 거부할수 없는데 이는 인사, 책임소재, 조직문화, 경호대상자의 권위 등으로 인한 것이며, 이를 위해 체계적인 교육시스템이 필요하다.

시 인근 김해 세영병원과 8시 10분 양산 부산대병원으로 호송되었으나, 이미 상태가 다발성 골절로 소생할 수 없는 상황이어서 사망했다고 하였다.
경찰은 노무현 전 대통령의 서거 원인을 실족사에 무게를 두고 조사했으나, 집을 나설 당시 평소와 달리 권양숙 여사, 보좌관 등 측근에게 알리지 않고, 경호원만을 대동한 점, 뒷산의 경사가 완만하다는 점 등을 종합해 자살로 최종 공식 확인했다.

Chapter 08 경호와 심리

1 심리적 이론

1) 심리상태의 의의

심리상태란 사전적으로 "마음의 작용과 의식의 상태"를 뜻하는 것으로 정신상태를 의미한다. 정신상태검사(Mental Status Examintion)를 통해서 사람의 심리상태를 알 수 있다. 정신상태검사란 검사자가 면담 시에 관찰한 것과 받은 인상의 총체를 기술하는 임상평가 부분이다. 정신상태검사는 면담 중에 관찰된 대상자의 외모, 말, 행동 및 생각을 기술하는 것으로 질문에 대답을 거절한다고 하더라도 주의 깊게 관찰하면 많은 정보를 얻어낼 수 있다.[1)]

정신상태의 결과를 기록하기 위한 양식이 사람에 따라 다를 수 있지만, 포함시켜야 할 항목들은 대체로 정해져 있다. 이는 경호대상자의 절대 안전을 도모하는 예방업무로 경호수행자의 자질 중 주의력과 관찰력에 해당한다. 이는 임무상에서의 스쳐 지나가는 것들까지도 경호원은 주의 깊게 관찰하여야 한다는 점, 즉 조그마한 변화라도 민감하게 알아차릴 수 있는 감각과 세밀한 관찰력을 의미하며, 지금까지는 외부의 위해요인을 대상으로 집중되어 왔다면 이제는 자살 등 경호대상자의 내면적 위해요인인 심리상태의 변화를 살피는 과학적인 관점에서의 분석이 필요하다.[2)3)]

---

1) 대한신경정신학회(1998). 「신경정신과학」. 서울. 하나의학사.

외양은 자세, 몸가짐, 의복, 몸단장 등에서 나타나는 환자의 외양과 전반적 인상을 기술한다. 외양을 표현하는 흔한 용어들로는 건강하다, 병약해 보인다, 불안정하다, 안정되어 보인다, 헝클어져 보인다, 어린애 같다, 이상해 보인다 등이 있다. 가령 불안한 증후로는 손이나 이마에 땀이 나거나, 자세가 긴장되어 있거나, 혹은 눈을 크게 뜨고 있는 것 등이 있다.

2) 심리상태 인지

얼굴, 음성, 행동, 자세, 몸짓 등의 행위는 타인의 심리상태를 알 수 있는 중요한 역할을 하며 타인의 심리상태를 인지함으로써 그 사람의 반응과 행동경향성을 예측할 수도 있다.[4)]

심리상태의 인지는 외양을 통해 알 수 있는데, 외양은 자세, 몸가짐, 옷차림, 몸단장 등을 말한다. 외양을 표현하는 흔한 용어들로는 건강하다, 병약해 보인다, 불안정하다, 안정되어 보인다, 헝클어져 보인다, 어린애 같다, 이상해 보인다. 등이 있다. 가령 불안한 증후로는 손이나 이마에 땀이 나거나, 자세가 긴장되어 있거나, 혹은 눈을 크게 뜨고 있는 것 등이 있다.

3) 인간행위 인지

인지심리학에서는 인간 마음의 주 특성을 인지라고 본다. 인간은 일상생활에서 각종 대상을 인식하고 주의하고 기억하고 학습하고, 언어를 사용하고 생

2) 김종민(2003). 우리나라 수행경호와 실태와 개선방안에 관한 연구, 명지대학교 체육학석사 학위논문.

3) 내면적 위협은 우울증, 격노(激怒), 흥분, 상실감, 실직 혹은 은퇴 등 자살위험도가 높은 요인이다.

4) 이훈구 · 이수정 · 이은정 · 박수애(2005). 『정서심리학』. 경기 파주: 법문사

각하고 느껴서 감정을 갖게 되고, 문제들을 해결하고, 여러 가지 숙련된 행위를 해낸다. 이러한 모든 행위는 어떤 형태로든 일종의 인간행위 인지와 관련되어 있다.[5)]

인간은 일상생활 속에서 분노, 사랑, 기쁨, 슬픔, 죄책감, 수치심, 두려움 등 여러 가지 다양한 감정들을 경험하며 살아간다. 인간이 경험하는 감정들의 대부분은 다른 사람들과의 접촉에서 비롯된다. 즉 수많은 감정들이 사회적 상호작용과 관계 속에서 나타나고 사라진다. 인간은 상대방이 어떤 종류의 사람인가를 판단하기 위하여 그의 감정표현을 파악하며, 타인들 앞에서 자신의 이미지를 관리하기 위하여 감정을 통제하려고 노력한다.[6)]

4) 타인에 대한 감정 판단

타인의 정서의 인지는 감정이입(Empathy)이란 개념으로 이는 “안으로 들어가서 느낀다”는 의미이다.[7)] 인간의 사고를 문제해결 수단으로 생각한다면 말로 표현되는 언어가 꼭 필요한 선행조건일 필요는 없다. 특정한 기본적인 감정을 표현하기 위해 안면표정을 사용하기 때문이다. 안면표정이 모든 문화에서 동일한 정서상태를 전달한다고 보았다. 안면표정을 이용한 추론은 개인의 행동적 · 심리적 성향 등 타인에 대한 감정판단의 중요한 단서로 사용한다고 볼 수 있다.

---

5) 이정모 · 강은주 · 김민식 · 감기택 · 김정호 · 박태진 · 김성일 · 신현정 · 이광오 · 김영진 · 이재호 · 도경수 · 이영애 · 박주용 · 박호완 · 박창호 · 이대식 공역. (2010). 인지심리학. 서울: 학지사.

6) 이동원 · 박옥희. (2000). 사회심리학. 서울: 학지사.

7) 김경희(2004). 『정서심리학』. 서울: 박영사.

5) 기분과 감정반응성

기분이란 어떤 사람에게 지배적이고 지속적인 감정으로서, 그 사람의 세계에 대한 전반적 지각이 기분에 의해 영향을 받게 된다. 기분은 우울, 절망, 짜증, 불안, 분노, 공허, 죄책감, 자기혐오, 공포, 당황, 무상함, 들뜸, 다행감 등 여러 가지로 기술된다. 기분은 여러 정도의 기복을 보일 수도 있다.

감정반응성(Affect)은 정서라고도 하며, 대상의 얼굴표정 등 모든 표현행동의 양과 질 그리고 그 범위로부터 추정되는 것이다. 이것은 기분과 일치할 수도 있고 그렇지 않을 수도 있다. 감정반응성은 정상범위 내, 위축됨(Constricted), 둔함(Blunted) 혹은 무감동(Flat) 등으로 기술한다. 정상범위이면 얼굴 표정, 목소리의 음조, 손의 사용, 신체의 움직임 등이 다양하다. 정서가 위축되면 표현의 범위와 강도에 분명한 감소가 보인다. 물론 우울, 분노, 공포, 불안, 죄책감, 다행감 등 특정 기분의 종류도 기술해야 한다. 감정반응에 있어서, 환자가 그것을 시작하고, 지속하고, 끝내는 데 각기 어려움이 없는지도 상세히 알아본다.

적절성은 감정반응의 적정성은 대상자가 하는 말의 내용과 대비하여 평가한다. 가령 피해망상을 이야기하고 있다면 대상은 당연히 화가 나거나 무서워할 것이고, 그런 감정반응은 적절한 것이다. 그런데 이야기의 내용이 상황과 감정의 종류가 서로 맞지 않은 경우가 있는지 살펴보아야 한다.

말(Speech)은 대상자가 하는 말의 여러 가지 물리적 특성을 기술한다. 말의 양, 속도, 질 등을 기술한다. 다변하고, 수다스러운가, 장황한가, 달변인가, 말이 없는가, 말의 속도는 어떤가, 소리는 큰가 작은가, 주저하는가, 말에 힘이 들어 있는가, 감정이 실려 있고, 신파조인가, 아니면 단조로운가, 무슨 소리인지 모르게 입 속의 말로 얼버무리는가, 딱딱 끊어서 말하는가, 말을 더듬는가, 이상한 리듬이 있는지를 살펴보아야 한다.

6) 인간행위 인지

인지심리학에서는 인간 마음의 주 특성을 인지(認知, 앎, Cognition)라고 본다. 인간은 일상생활에서 각종 대상을 인식하고 주의하고 기억하고 학습하고, 언어를 사용하고 생각하고 느껴서 감정을 갖게 되고, 문제들을 해결하고, 여러 가지 숙련된 행위를 해낸다. 이러한 모든 행위는 어떤 형태로든 일종의 앎과 관련되어 있다.

인간은 일상생활 속에서 분노, 사랑, 기쁨, 슬픔, 죄책감, 수치심, 공포감, 두려움 등 여러 가지 다양한 감정들을 경험하며 살아간다. 인간이 경험하는 감정들의 대부분은 다른 사람들과의 접촉에서 비롯된다. 즉 수많은 감정들이 사회적 상호작용과 관계 속에서 나타나고 사라진다. 인간은 상대방이 어떤 종류의 사람인가를 판단하기 위하여 그의 감정표현을 파악하며, 타인들 앞에서 자신의 이미지를 관리하기 위하여 감정을 통제하려고 노력한다.[8] 감정은 인간의 인지와 인지과정에 영향을 준다. 기분은 우리의 기억과 판단에 영향을 준다. 대부분 사람들은 자신이 행복하게 느낄 때, 그렇지 않을 때와 비교하여 다르게 사고한다는 것을 인식한다. 기분이 긍정을 갖는 경우에는 부정을 갖는 경우보다 어려운 과제를 더 쉽게 다루기도 한다.

7) 인지가 감정에 미치는 영향

감정과 인지의 관계에 대한 대부분의 연구들은 감정이 인지와 사고에 어떤 영향을 미치는지에 초점을 두었다. 그러나 이와 반대로 인지가 감정에 영향을 미치기도 한다.

첫째, Schachter의 이론이나 Bem의 자아지각이론은 인간이 자신의 감정이나

8) 이동원 · 박옥희(2000). 『사회심리학』. 서울: 학지사.

태도를 직접 알지 못하는 경우가 있다는 것을 가정한다. 내적 반응이 애매모호하므로 외적 반응인 자신의 행동 같은 것에 눈을 돌려서 감정의 특성에 대한 단서를 찾는다. 그런 경우 우리가 느끼는 정서와 감정은 우리가 선택하는 인지적 명명에 의해 주로 결정된다.

둘째, 인지가 감정에 영향을 주는 또 한 가지 방법은 강한 감정적 요인을 포함하고 있는 도식이 활성화됨으로써 영향을 주는 것이다. 예를 들어 우리가 개인을 어떤 집단에 속하는 것으로 명명하면 이 사회적 범주의 도식은 그가 특성을 가지는지를 암시한다. 그리고 그 도식에 포함되어 있는 감정적 요인에 따라서 우리는 그 사람에 대해 어떤 감정을 갖게 된다. 따라서 강력한 인종적, 민족적, 종교적 도식은 우리의 현재의 감정이나 기분에 영향을 준다. 이처럼 도식은 감정에 영향을 준다.

셋째, 우리의 생각은 정서유발사건을 여러 가지로 해석하거나 평가함으로써 그 사건에 대한 우리의 반응에 영향을 줄 수 있다. 예를 들어 여러분이 엘리베이터에서 내리는 순간에 어떤 사람이 발을 밟았다고 치자. 당신이 화를 내는지는 그 사람의 행동을 어떻게 해석하는가에 달려 있다. 만약 실수로 밟았다고 생각하면 화를 내지 않을 것이고, 고의로 했다고 해석하면 화를 낼 것이다. 타인의 도발적인 행위는 이에 대한 우리의 해석에 따라 우리의 정서적 반응에 중요한 역할을 한다.[9)]

8) 감정의 표현 및 인지 상의 차이

인간은 사람들과의 관계에서 희로애락의 다양한 감정 및 정서를 경험한다. 우리나라의 문화적 특성은 강한 정서의 외적 표현을 억제한다. 예로부터 양반들은 표정의 근엄함을 잃지 않는 것을 강조하였다. 이는 무표정에 가까운

9) 이동원 · 박옥희(2000). 『사회심리학』. 서울: 학지사.

상태이다. 조선시대의 선비들은 마음의 안정을 잃지 않기 위하여 감정을 억제하고자 하였다. 이러한 속에서 한(恨)의 문화가 형성되었다고 할 수 있다. 과격한 감정의 외적 표출을 부정시하고 자신의 내부에서 이를 삭이는 데서 여인의 한이 쌓였다. 그리고 이러한 것이 화병을 초래한다. 우리 속담에 '종로에서 뺨 맞고 한강 가서 눈 흘긴다'라는 말이 있는데, 이는 자신의 내적 감정을 직접적으로 나타내지 못하고 간접적으로 표출하는 것을 비유한 것이 있다. 이렇듯 우리 조상들은 예로부터 감정을 겉으로 드러내지 않는 것을 바람직한 것으로 여겼다.

어떤 사회심리학적 연구들은 타인의 감정을 지각하고 인지하는 정도나 능력에 초점을 두기도 한다. 사람은 개개인의 감정상태를 아주 잘 구분할 수는 없을지라도 주요한 감정의 종류들을 구별할 수 있다는 것을 보여주는 연구들이 있다. 예를 들어 Woodworth는 여러 가지 종류의 감정들이 7점 척도 상에서 순서대로 배열될 수 있다고 주장하였는데, 행복과 슬픔, 놀람과 경악, 공포, 슬픔, 분노, 혐오와 경멸, 흥미와 주의 순이다. 그는 두 가지 감정 간의 구분의 용이성을 이 연속선상에서의 감정 간의 거리와 관련된다고 보았다.

9) 타인에 대한 감정 판단

모든 사람들은 특정한 기본적인 감정을 표현하기 위해 같은 안면표정을 사용한다. Darwin은 일찍이 안면표정이 모든 문화에서 동일한 정서 상태를 전달한다고 보았다. 특히 눈썹의 위치가 결정적이어서 지배적이거나 위협하는 개체에서는 눈썹이 쳐져 있고 복종적인 개체에서는 눈썹이 치켜져 있음을 발견하였다는 것이다.

인간도 동물처럼 각각의 감정에 대한 특정한 안면표정을 가지는지에 대한 연구에서 Keating 등은 쳐진 눈썹이 인간의 경우에도 지배와 관련되어 있음을 발견하였다. 그리고 미소는 행복이나 즐거움 등과 관련되었다. 그러나 감정표현의 정도 면에서는 문화적인 차이도 발견되는데, 일반적으로 서양인들이 동양인들에 비하여 감정의 표현이 더 솔직하고 강한 경향이 있다.

2 경호와 심리의 관련성

대통령과 같은 경호대상자는 국가의 안보와 미래에 중요한 역할을 하는 국가요인으로 중요하게 다루어져 왔으며, 경호대상자에 대한 위협요소가 외부적 위협뿐만 아니라 자살 등과 같은 내부적 위협도 존재한다. 이것은 공경호대상자가 일반인에 비하여 많은 스트레스를 받고 있으며, 공경호대상자에 대한 완벽한 경호를 수행하기 위해서는 최소한의 근접경호원은 경호대상자의 심리상태를 충분히 인지하여야만 가능할 것이다.

이 사례로 노무현 전 대통령 서거와 같이 자살등과 같은 내부적 위협도 존재 할 수 있음을 확인하였다. 이것은 국가 주요요인이 일반인에 비하여 검찰수사와 같은 비리혐의에 연류될 가능성은 원인 등으로 높은 스트레스를 받고 있기 때문이다. 따라서 완벽한 경호를 수행하기 위해서는 경호대상자의 심리상태를 충분히 인지하는 것이 필요 할 것이다.

1) 경호심리의 개념

경호대상자의 심리란 경호대상자가 느끼는 각종 심리작용을 뜻하는 것을 의미한다. 따라서 이는 경호대상자의 절대 안전을 도모하는 예방적 경호업무의 하나로 경호원의 자질 중 주의력과 관찰력에 의해 인지될 수 있다.

이는 임무수행 중 스쳐 지나가는 것들까지도 경호원은 주의 깊게 관찰하여야 한다는 점과 경호대상자 주변의 조그마한 변화라도 민감하게 알아차릴 수 있는 감각, 세밀한 관찰력을 말한다.

지금까지는 외부의 위협요인을 대상으로 집중되어 왔다면 이제는 우울증과 같은 이상심리로 인한 자살 등 경호대상자의 내면적 위협요인인 심리상태의 변화를 살피는 심리학적 경호도 함께 고려하여야 되는 시점에 이르렀다.

2) 경호와 심리 관련성

심리상태에 따라 나타날 수 있는 증상들을 이해함에 있어서 그 증상을 정확하게 파악하는 것도 중요하지만 이러한 증상을 정확하게 통괄하고 상호관계를 이해하며, 하나하나의 증상들이 대상자의 전체적인 심리상태에 있어서도 어떤 의미를 내포하고 있는가를 인지하는 것도 아주 중요하다. 인지심리학적 관점이라고 할 수 있는 경호대상자의 내면적 위해요인에 대한 시각이 재조명되어져야 할 필요성과 타당성이 존재한다고 생각한다. 즉 이러한 경호대상자의 내면적 위해요인에 대한 인지심리학적 관점에서의 이해는 경호대상자 자신으로부터의 위해요인을 차단하기 위한 과학적·예방적 절대 안전을 위한 대책의 수립을 가능하게 하는 기초가 되며, 이에 이러한 인지심리학적 관점에 대한 이해의 필요성이 존재하는 것이다.

이상과 같은 측면으로 볼 때 경호수행자의 자질 중 책임감과 관련 지시된 사항은 반드시 책임을 지고 처리해야 하는 것이 원칙이지만, 정상적인 기준에서 벗어난 이상심리상태에 따른 지시와 경호의 원칙이 충돌할 때 정확한 심리학적 근거와 자료를 토대로 설명이 가능해야 할 것이다. 이처럼 대상자 심리상태 인지능력의 전문성 확보는 경호대상자의 절대 안전을 도모하는 궁극적인 목적인 예방경호에 필수적으로 요청된다고 할 것이다.

3) 경호대상자의 심리적 위협

최근 들어 다변화된 사회구조와 환경은 높은 국가적 치안공급을 요구하고 있으며 이에 따라 대통령과 같은 경호대상자의 위협도 다변화되고 있는 실정이다. 이러한 변화는 테러기도자의 심리상태의 변화에 영향을 미치고 있으며 이는 경호에 있어 경호대상자의 절대적 안전에 위협적인 요인이 되고 있다.

경호대상자는 일반인에 비해 많은 정신적 스트레스를 겪고 있으며 때론 견디기 힘든 스트레스로 인해 통제력이 약화되고, 방어기제가 약해지면서 통제력을 상실할 수 있는 이상심리가 발생하고 있다. 이러한 것들은 우울증과 같은 경우가 대표적인 것이다.

이러한 것들은 국가정상의 위치에 올라 서 있던 사람의 경우 이러한 증상은 두드러지게 나타나게 되는데, 이들이 느끼는 압박감은 일반인에 높게 나타나며 증상으로는 절망감과 허무감, 무기력감 등으로 복합적으로 작용하여 더욱 주의를 기울여야 한다.

경호대상자에 대한 경호활동은 개인의 신변보호 임무로 그치는 것이 아니라 국가와 국민의 안전과 직결된다고 볼 수 있다. 그러므로 공경호원의 잘못된 판단은 그만큼 국가적으로 큰 피해를 불러온다고 볼 수 있다. 따라서 예방경호의 필요성은 더욱더 강조되어도 지나침이 없다고 생각한다.

그러므로 경호기관은 경호대상자의 심리상태 인지에 대한 중요성을 인식하고 심리상태 인지에 대한 전문성 확보함으로써 경호대상자로부터 전문가로서의 신뢰를 받을 필요가 있다. 예를 들어 무도시범을 통하여 경호대상자로부터 현장판단 능력을 존중받듯이, 경호심리를 통하여 경호대상자로 하여금 신뢰를 얻어야 할 것이다.

노무현 전 대통령 서거 사건이 대표적이라고 볼 수 있으며 검찰의 수사와 같은 스트레스가 작용할 경우 일반인과 같이 꼭 죽고 싶다는 말이 아니더라도 '혼자 있고 싶다', '이렇게 살아야 하나'라는 말이나 생각이 이상심리의 신호일 수 있다.

이러한 것들은 수면장애, 섭식장애, 불안장애, 대인기피 등의 증상들이 나타나며 때론 경호대상자의 자살로 연결될 수 있다. 그러므로 경호대상자의 심리상태의 변화에 더욱 주의를 기울여 심리적 경호기법에 입각한 경호가 필요하다.[10)]

4) 경호대상자 심리상태 인지의 효과

경호원의 경호대상자 심리상태 인지의 긍정적 효과는 경호대상자의 예비와 대비능력의 향상, 경호운용의 편의성 향상 등이었다.

경호원의 경호대상자 심리상태 인지의 긍정적 효과는 예비와 대비능력의 향상이 높일 수 있으며 우발상황을 미리 대비할 수 있으며 경호운용의 효율성을 향상시킨다.

반면 경호대상자 심리상태 인지에 따른 부정적 효과로 경호는 원칙에 입각하여 수행하여야 하는데 경대상자의 심리상태에 너무 치중하게 된다면 경호시스템이 무원칙하게 운용될 수 있다.

10) 이 사건은 지금까지 치중되어왔던 물리적 위협뿐만 아니라 자살과 같이 경호대상자 스스로에 의한 위협의 중요성과 그 위협에 따라 경호운용과 경호기법의 방향이 달라져야 한다는 시사점을 남겼다. 이를 계기로 우울증에 대해 경각심을 가져야 한다는 목소리가 대두되었으며, 전문가들은 국가정상의 자리에서 물러난 사람들의 경우 종종 퇴임 후 증후군을 겪는다고 주장하였다. 이것은 인생의 최고 정점에서 은퇴한 후 평범한 삶으로 내려오게 되면서 공허함을 경험하게 된다는 것을 의미하는 것이다. 특히 노 전 대통령과 같이 뇌물수수 혐의로 친형과 측근이 구속되고 전직대통령으로서 검찰의 수사대상이 된다면 극심한 스트레스로 우울증이 생기게 되었을 것이며 이것은 극단적인 선택으로 이어질 수 있는 충분한 상황이 되는 것이다. 우리나라와 같이 정권교체로 인한 권력의 이동은 경호대상자에 있어 높은 스트레스가 되고 있다.

Chapter 09 보안장비 개발

1 스마트 삼단봉

1) 보안장비 개발의 필요성

날로 흉포해지는 범죄의 위험에서 스스로 안전하지 않음을 인식하며, 범죄로부터 자신을 보호하고자 하여 보안장비의 개발에 대한 수요가는 증가하고 있다.

이에 대한 경찰의 대응사례 중 강원지방경찰청 횡성경찰서 횡성지구대는 미용실과 편의점 등 여성 1명이 근무하는 업소를 대상으로 '호신용 경보기'를 나눠주고 있으며, 전국적으로 성범죄, 유괴 등 각종 범죄를 막기 위해 약 416억 원을 들여 어린이보호구역, 도시공원, 놀이터 등 범죄 취약지역 3,980곳에 CCTV를 확대 설치하기로 했다고 밝혔다.[1)2)]

하지만 이러한 움직임이 지금까지 한시적으로 작용했던 사회적 분위기를 감안한다면 앞으로 지속적인 범죄 예방 활동이 가능할지는 의문이다. 아울러 경찰력의 한계는 이미 학계를 시작으로 오래 전부터 제기된 바 있다.

민간경비(Private Security)란 경찰과 같은 공권력이 담당하는 치안업무를 민간기업이 대신하는 것을 말한다. 우리나라의 경우 치안은 국가와 경찰의 고

1) 「연합뉴스」, 2012. 6 11. 「대한안전공사 호신용품 판매 호조」

2) 「동아일보」, 2012. 10. 4. 「3980곳에 성범죄 예방 CCTV 단다」

유영역으로 인식하는 고정관념으로 인해 민간경비가 단순히 경찰을 보조하는 것으로 보는 경향이 강하였지만, 최근에는 우리 사회에서도 민간경비의 확대 경향이 점차 뚜렷해지고 있지만 보안장비에 대한 연구와 같은 근본적인 발전 방안의 모색에 뒤떨어져 있었던 것이 사실이다.

반면 아셈(ASEM), 에이펙(APEC), G20과 같은 대규모 국제행사를 성공리에 치러 세계적 수준의 경호를 입증한 바 있으며, 최근 들어서는 2012 핵안보정상회의를 성황리에 끝마친 바 있다.[3] 이러한 성공적인 경호에는 국내 IT기업들의 보안기술이 한몫 한 것으로 파악된다.

그 사례를 살펴보면 G20 정상회의에 투입된 장비로는 뿔테안경에 장착하여 눈에 띄지 않는 감시카메라, 경호차량용 특수 GPS시스템, 디지털 주파수공용통신(TRS)단말기, 새로운 얼굴 인식 기술 등을 비롯한 국내의 기술이 선보였으며, 국외의 기술로는 오스트리아 쉬벨사의 경호용 무인헬기(캠콥터 S-100)가 경호업무를 지원한 것으로 알려졌다.

2) 삼단봉 사용의 법적 근거

현재 삼단봉의 주사용처는 경비업체인데 「경비업법」 제16조(복장 · 장비 등)와 「경비업법시행규칙」 제20조(장구 등)를 보면 경비원이 휴대하는 장구의 종류로 경적 · 경봉 및 분사기가 있다고 명시하여 삼단봉의 사용을 명시하고 있고, 「경비업법 시행규칙」 제9조, 제12조, 제15조(특수경비원 교육과목)에 경비지도사(3h), 일반경비원(3h), 특수경비원(5h) 각각 실무과목으로 체포호신술(경봉술 포함)이 있어 그 교육을 담당하고 있다.

3) 특히 G20 국가정상회의는 회원국 정상 20명을 포함해 국가원수급만 30명 이상이 방한한다. 또 각국 정상수행원, 언론인, 경호인력 등을 포함하면 1만 5000여 명이 방한하는 수준이며. 여기에 동원되는 경찰력은 4만 5000여 명의 이 행사로 인한 국가 브랜드 향상은 물론 24조원에서 최대 31조원 상당의 경제적 효과를 낸다.

또한 지난 10월 7일 경찰청에 입법 예고된 일반경비원 신임교육과목에는 체포호신술 외에 '장비사용법' 2시간이 추가되어 있다. 현재 입법예고에 대한 의견으로는 50~60대 경비원의 신체적 근력의 약화와 위해자의 흉기 공격 시 맨손 체포호신술의 한계와 휴대장구 중 가스분사기 사용에 따른 소지허가, 분실, 사용보고서 등 법적인 문제가 지속적으로 지적되어 오고 있어 상대적으로 삼단봉 등 경봉의 휴대, 사용빈도가 증가되고 있기 때문인 것으로 보인다.

또한 「경비업법」 제4조제2항과 제16조에서는 경비업체는 영업허가를 받고자 할 때에는 장비를 갖추어야 하고, 장비와 관련된 사항은 안전행정부령으로 정한다고 되어 있다. 또한 「경비업법 시행령」 제3조제2항 및 제4조제1항에서는 경비업체는 영업 신청을 할 때 장비를 갖추어야 하며 허가 또는 변경허가를 신청할 때에도 장비를 갖추거나 확보계획서를 제출하여야 한다고 규정하고 있다.

한편, 「경찰관직무집행법」 제10조의2 제2항에서 경찰관은 현행범인의 경우 그 사태를 합리적으로 판단하여 경찰장구를 사용할 수 있다고 명시하고 있으며, 그 경찰장구에 '경찰봉'을 명시하여 삼단봉과 같은 형태의 장비를 사용하고 있다.

마지막으로 일반국민은 본인의 신변활동에 대한 특별한 법적 근거가 없고, 우리 「형법」에서 정한 정당방위, 자구행위, 긴급피난과 같은 사인의 지위에서 자신의 신변안전을 스스로 도모하고 있다. 이에 국가에서는 무분별한 개인호신 장비의 위험과 재해를 방지하기 위해 「총포·도검·화약류 등 단속법」에 근거하여 (총포, 도검, 화약류, 분사기, 전자충격기, 석궁)의 제조·거래·소지·사용과 그 밖의 취급에 관한 사항을 규제하여 (총포, 도검, 화약류, 분사기, 전자충격기, 석궁)의 사용을 관리감독하고 있다.

같은법 제12조제1항에서는 이와 같은 장비를 사용할 경우 안전행정부령에 따라 관할경찰서장에게 허가를 받아야 된다고 한다. 그러나 이 연구에서 주제로 삼고 있는 '삼단봉'은 『총포 · 도검 · 화약류 등 단속법』의 단속대상에 속하지 않고 있어 국가의 규제와 관리가 필요한 실정이다.

다만, 최근 (삼단봉 + 전자충격기), (삼단봉 + 분사기)와 같이 결합된 제품의 경우 「총포 · 도검 · 화약류 등 단속법」의 단속대상으로 보고 있어 안전행정부령에 규정된 허가절차를 따라야 한다.

3) 스마트 삼단봉 개발

(1) 기존 삼단봉의 한계

최근 심각한 수준으로 치닫는 각종 범죄의 증가에는 국민 개개인의 호신용품 구입으로 보안장비의 판매증가현상이 나타나고 있다. 이 연구에서는 보안장비 중 일반적으로 누구나 손쉽게 구입하고 소지하고 있는 삼단봉을 연구대상으로 하였다.

현재 온라인과 오프라인에서 판매되고 있는 대표적인 호신용품 중 하나인 삼단봉은 다음 4가지의 문제점을 지니고 있어, 일반국민이 사용하기에 실효적이지 않다는 의견이 지배적이었다.

① 일반적으로 구입하는 저가제품의 경우에는 내구성이 뛰어나지 못해 쉽게 망가지는 반면, 강철로 만들어진 고가의 제품은 무거워 휴대하기에 불편하다.

② 교육훈련이 이루어지지 않은 경우 효과적인 사용이 불가능하다.

③ 범인이 칼과 같은 흉기를 들고 있을 경우 2차적으로 피해가 더 커질 수 있다.

④ 현행법상 삼단봉은 「총포 · 도검 · 화약류 등 단속법」의 단속대상에서 제외되어 허가절차 없이 현재 누구나 쉽게 소지할 수 있어 국가의 관리감독이 필요한 실정이다.

(2) 스마트 삼단봉의 기능

스마트 삼단봉의 기능

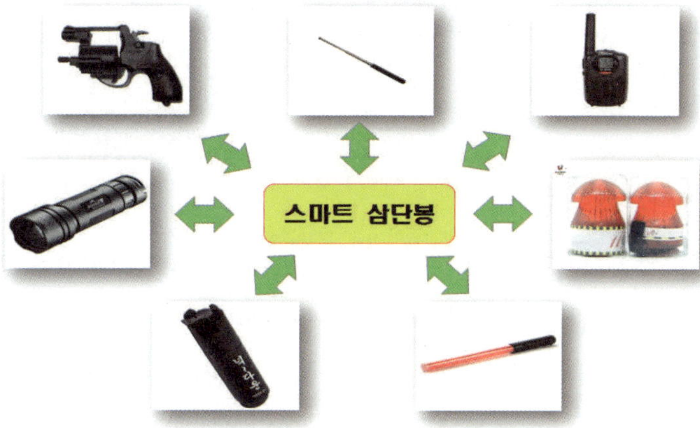

스마트 삼단봉은 기존의 삼단봉에 스마트 기능을 추가하여 기존 삼단봉의 단점 보완을 극대화한 것으로 1개의 장비로 다양한 효과를 실현하여 경호, 경비와 개인 신변보호에 긍정적인 효과를 볼 것으로 기대한다.

스마트 삼단봉의 모형

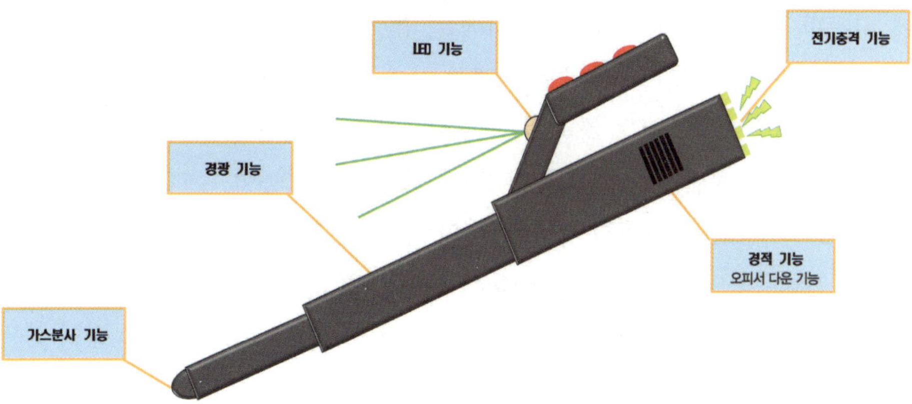

스마트 삼단봉은 LED 후레시 기능을 가지고 있어 순찰 시 후레시 본래의 순기능으로 활용할 수 있고 침입자와의 대응 시 삼단봉을 펼치면 (경봉 + 경적 + 오피서 다운) 기능이 있어 모든 근무자에게 전파할 수 있다. 또 침입자가 흉기를 휴대하고 있다면 스마트 삼단봉의 가스분사 기능과 전기충격 기능으로 강력한 대응이 가능해진다.

(3) 스마트 삼단봉의 특징

기존의 삼단봉은 최근 흉악범죄의 증가로 인하여 온라인과 오프라인에서는 호신용품의 판매가 급증하고 있지만 법적 규제의 대상이 아니라서 누구나 쉽게 구매할 수 있다. 그러나 시중에서는 가격의 편차가 심해 저가의 제품은 그만큼 내구성이 약하고, 강철로 만들어 내구성이 강한 고가의 제품은 너무 무거워 휴대가 불편한 것으로 조사되었다. 또한 일반인들이 삼단봉을 사용할 경우 교육훈련이 이루어지지 않기 때문에 실효적일 수 없었다. 그러므로 기존의 삼단봉 형태에 (LED 후레시 + 경봉 + 경적 + 오피서 다운 + 전기충격 + 가스분사) 등의 스마트 기능을 추가하였다.

스마트 삼단봉은 기존의 보안인력 또는 호신용으로 여러 가지 장비를 휴대해야 하는 번거로움을 해소할 뿐 아니라 순찰 시에는 후레시의 역할을 동시에 사용할 수 있고, 침입자 발견 시에는 경광봉과 경적 그리고 오피서 다운 기능으로 주변에 위험을 알리는 효과를 내는 동시에 전기충격과 가스분사로 침입자와 대적할 수 있는 효과를 최대한으로 발휘한다.

또한 스마트 삼단봉은 가스분사 또는 전기충격 기능이 추가됨에 따라 「총포 · 도검 · 화약류 등 단속법」에 의거하여 국가의 허가절차를 밟아야 하므로 현재보다 관리감독이 가능해질 것으로 생각된다. 앞으로 테이저건과 같은 기능을 추가하여 사법권을 가지고 있는 경찰장비로 사용된다면 우리나라와 같이 총기를 휴대할 수 없는 국가에서 실효적인 장비가 될 수 있을 것으로 생각한다.

2 Wearable device in security

이 장비는 요인경호, 대테러, 재난안전, 해난구조 현장에서 목숨을 담보로 근무하고 있는 현장요원들의 생명을 확보하는 동시에 업무운용 능력의 증대를 최대한으로 끌어올릴 수 있는 스마트 보안장비의 필요성을 설명하고 그 모형을 제시하고 기능을 소개한다.

기술적인 부분은 고글형태의 안경의 착용으로 안경 다리부분에 설치된 센서를 통하여 요원의 산소포화도 체크를 통하여 업무집중, 신체피로, 이상심리, 생사여부를 감지하여 전파 수진을 통해 현장 지휘소의 지휘관이 모니터링하는 동시에 GPS기능을 통하여 각 요원의 위치를 확인하여 현장운용의 효율성을 증가 시키는 것이다.

1) 장비의 활용 영역

이 장비의 필요성은 사회 안전의 현장에서 '왜 이런 문제가 발생되었는가? 이런 문제를 해결하기 위한 방법은 무엇인가? 하는 궁금증에서 출발하였다. 과거에는 이러한 사회문제가 제기되면 삶의 경험을 통하여 문제를 해결하여 왔다.

따라서 요인경호, 대테러, 재난안전, 해난구조 현장에서 목숨을 담보로 근무하고 있는 현장요원들의 생명을 확보하는 동시에 업무운용 능력의 증대를 최대한으로 끌어올릴 수 있는 스마트 보안장비의 필요성을 통하여 연구, 개발모형을 제시하고 그 기능을 소개하고자 한다. 또한 이 연구, 개발모형이 활용될 수 있는 영역을 경호, 대테러, 해난잠수, 재난구조로 구분하였다.

2) 기술

맥박 산소 측정법과 맥박을 측정하기위한 BVP(Blood Volume Pressure)센서는 PPG (Photoelectric Plethysmo Graphy)를 사용한다. 혈액 내의 산화 헤모글로빈 (HbO2)과 헤모글로빈 (Hb)은 500nm ~ 1000nm의 빛을 받으면 다양한 스펙트럼 특성을 나타낸다. 즉, HbO2와 Hb는 심장 박동에 따라 동맥을 통해 손가락에 흐르는 빛과 혈액량의 흡수율이 매우 다른 양상을 보입니다. 즉 혈액량에 따라 비례하는 HbO2와 Hb는 빛의 입사량에 비례하여 포토 다이오드가 출력 전압에 비례하여 회전하므로 결과를 측정하여 펄스를 예측할 수 있습니다. GPS 장비는 실시간으로 모니터링 할 수 있는 효율적인 보안 장비로 이며 또한 요원의 생존, 긴급 상황을 확인할 수 있습니다.

3) 기능

현장요원의 산소포화도 체크를 통하여 업무집중, 신체피로, 이상심리, 생사여부를 모니터링하고 GPS기능을 통하여 요원의 위치를 실시간으로 모니터링하여 업무 효율성을 증대시키는 장비이다.

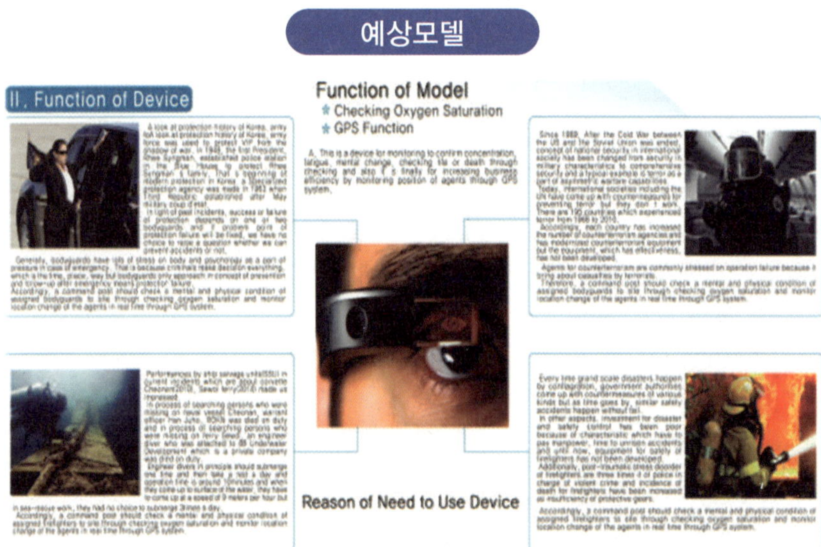

(1) 경호

경호원은 우발상황에 대한 부담감으로 신체와 심리에 상당한 스트레스를 가지고 임무를 수행하고 있다. 이는 위해의 시간, 장소, 방법 등 모든 것을 위해기도자가 결정하고 경호요원은 예방적 개념에서 접근하지만 궁극적으로 우발상황 이후의 후속처리는 경호 실패를 의미하기 때문이다.

따라서 경호지휘소에서는 현장에 배치된 경호요원의 산소포화도 체크를 통한 신체와 정신상태를 체크하고 GPS기반을 통한 현장요원의 위치변화를 실시간으로 모니터링 하여야 할 것이다.

(2) 테러

대테러진압요원은 작전도중 테러범에 의한 인명피해 및 작전실패로 인한 인질의 사망에 대한 신체적 심리적 스트레스를 가지고 있다.

따라서 테러진압지휘소에서는 작전에 투입된 요원의 산소포화도 체크를 통한 신체와 정신상태를 체크하고 GPS기반을 통한 현장요원의 위치변화를 실시간으로 모니터링 하여야 할 것이다.

(3) 재난

화재로 인한 대규모 재난 사고가 발생할 때마다 정부당국은 각종 안전대책을 발표고 있으나 시간이 흐르면서 유사한 안전사고들은 어김없이 또 발생되고 있으며 아직까지 현장 소방관의 안전을 위한 장비는 개발되지 못하고 있다.

그러나 통상 일선 소방관들의 외상후 스트레스는 강력계형사의 3배를 넘어서고 있으며 현장에서 발생하는 보호장비의 미흡으로 인한 소방관 사망사고는 매년 증가하고 있다.

따라서 소방지휘소에서는 현장에 투입된 소방관의 산소포화도 체크를 통한 신체와 정신상태를 체크하고 GPS기반을 통한 현장 소방관의 위치변화를 실시간으로 모니터링 하여야 할 것이다.

(4) 해난구조

잠수사들은 원칙적으로 1회 잠수후 12시간의 휴식을 원칙으로 하고 작업시간은 10분 내외로 하며 잠수 후에는 9m 속도를 유지하면서 상승해야 하지만 해난구조 현장에서는 사고수습의 긴박함과 인력부족으로 인하여 1일 3회까지 잠수해야하는 상황에 초래된다.

따라서 해난구조지휘소에서는 현장에 투입된 잠수사의 산소포화도 체크를 통한 신체와 정신상태를 체크하고 GPS기반을 통한 현장 소방관의 위치변화를 실시간으로 모니터링 하여야 할 것이다.

부 록 관계 법령

1 경호관계법

1) 대통령 등의 경호에 관한 법률 (약칭: 대통령경호법)

[시행 2017. 7. 26.] [법률 제14839호, 2017. 7. 26., 타법개정]

제1조(목적) 이 법은 대통령 등에 대한 경호를 효율적으로 수행하기 위하여 경호의 조직·직무범위와 그 밖에 필요한 사항을 규정함을 목적으로 한다. 〈개정 2008. 2. 29.〉

제2조(정의) 이 법에서 사용하는 용어의 뜻은 다음과 같다. 〈개정 2012. 2. 2., 2013. 3. 23., 2017. 7. 26.〉

1. "경호"란 경호 대상자의 생명과 재산을 보호하기 위하여 신체에 가하여지는 위해(危害)를 방지하거나 제거하고, 특정 지역을 경계·순찰 및 방비하는 등의 모든 안전 활동을 말한다.
2. "경호구역"이란 소속공무원과 관계기관의 공무원으로서 경호업무를 지원하는 사람이 경호활동을 할 수 있는 구역을 말한다.
3. "소속공무원"이란 대통령경호처(이하 "경호처"라 한다) 직원과 경호처에 파견된 사람을 말한다.
4. "관계기관"이란 경호처가 경호업무를 수행함에 있어 필요한 지원과 협조를 요청하는 국가기관, 지방자치단체 등을 말한다.

[전문개정 2011. 4. 28.]

제3조(대통령경호처장 등) ① 대통령경호처장(이하 "처장"이라 한다)은 대통령이 임명하고, 경호처의 업무를 총괄하며 소속공무원을 지휘·감독한다. 〈개정 2017. 7. 26.〉

② 경호처에 차장 1명을 둔다. 〈개정 2017. 7. 26.〉

③ 차장은 1급 경호공무원 또는 고위공무원단에 속하는 별정직 국가공무원으로 보하며, 처장을 보좌한다. 〈개정 2017. 7. 26.〉

[전문개정 2013. 3. 23.]

제4조(경호대상) ① 경호처의 경호대상은 다음과 같다. 〈개정 2013. 3. 23., 2013. 8. 13., 2017. 7. 26.〉

1. 대통령과 그 가족
2. 대통령 당선인과 그 가족
3. 본인의 의사에 반하지 아니하는 경우에 한정하여 퇴임 후 10년 이내의 전직 대통령과 그 배우자. 다만, 대통령이 임기 만료 전에 퇴임한 경우와 재직 중 사망한 경우의 경호 기간은 그로부터 5년으로 하고, 퇴임 후 사망한 경우의 경호 기간은 퇴임일부터 기산(起算)하여 10년을 넘지 아니하는 범위에서 사망 후 5년으로 한다.
4. 대통령권한대행과 그 배우자
5. 대한민국을 방문하는 외국의 국가 원수 또는 행정수반(行政首班)과 그 배우자
6. 그 밖에 처장이 경호가 필요하다고 인정하는 국내외 요인(要人)

② 제1항 제1호 또는 제2호에 따른 가족의 범위는 대통령령으로 정한다.

③ 제1항 제3호에도 불구하고 전직 대통령 또는 그 배우자의 요청에 따라 처장이 고령 등의 사유로 필요하다고 인정하는 경우에는 5년의 범위에서 같은 호에 규정된 기간을 넘어 경호할 수 있다. 〈신설 2013. 8. 13., 2017. 7. 26.〉

[전문개정 2011. 4. 28.]

제5조(경호구역의 지정 등) ① 처장은 경호업무의 수행에 필요하다고 판단되는 경우 경호구역을 지정할 수 있다. 〈개정 2012. 2. 2., 2013. 3. 23., 2017. 7. 26.〉

② 제1항에 따른 경호구역의 지정은 경호 목적 달성을 위한 최소한의 범위로 한정되어야 한다.

③ 소속공무원과 관계기관의 공무원으로서 경호업무를 지원하는 사람은 경호 목적상 불가피하다고 인정되는 상당한 이유가 있는 경우에만 경호구역에서 질서유지, 교통관리, 검문·검색, 출입통제, 위험물 탐지 및 안전조치 등 위해 방지에 필요한 안전 활동을 할 수 있다. 〈개정 2012. 2. 2.〉

④ 삭제 〈2013. 3. 23.〉

[전문개정 2011. 4. 28.]

제5조의2(다자간 정상회의의 경호 및 안전관리) ① 대한민국에서 개최되는 다자간 정상회의에 참석하는 외국의 국가원수 또는 행정수반과 국제기구 대표의 신변(身邊)보호 및 행사장의 안전관리 등을 효율적으로 수행하기 위하여 대통령 소속으로 경호·안전 대책기구를 둘 수 있다.

② 경호·안전 대책기구의 장은 처장이 된다. 〈개정 2013. 3. 23., 2017. 7. 26.〉

③ 경호·안전 대책기구는 소속공무원 및 관계기관의 공무원으로 구성한다.

④ 제1항에 따른 경호·안전 대책기구의 구성시기, 구성 및 운영 절차, 그 밖에 필요한 사항은 대통령령으로 정한다.

⑤ 경호·안전 대책기구의 장은 다자간 정상회의의 경호 및 안전관리를 위하여 필요하면 관계기관의 장과 협의하여 「통합방위법」 제2조 제13호에 따른 국가중요시설과 불특정 다수인이 이용하는 시설에 대한 안전관리를 위하여 필요한 인력을 배치하고 장비를 운용할 수 있다.

[본조신설 2012. 2. 2.]

제6조(직원) ① 경호처에 특정직 국가공무원인 1급부터 9급까지의 경호공무원과 일반직 국가공무원을 둔다. 다만, 필요하다고 인정할 때에는 경호공무원의 정원 중 일부를 일반직 국가공무원 또는 별정직 국가공무원으로 보할 수 있다. 〈개정 2012. 12. 11., 2013. 3. 23., 2017. 7. 26.〉

② 경호공무원 각 계급의 직무의 종류별 명칭은 대통령령으로 정한다.

[전문개정 2011. 4. 28.]

제7조(임용권자) ① 5급 이상 경호공무원과 5급 상당 이상 별정직 국가공무원은 처장의 제청으로 대통령이 임용한다. 다만, 전보·휴직·겸임·파견·직위해제·정직(停職) 및 복직에 관한 사항은 처장이 행한다. 〈개정 2013. 3. 23., 2017. 7. 26.〉

② 처장은 경호공무원 및 별정직 국가공무원에 대하여 제1항 외의 모든 임용권을 가진다. 〈개정 2017. 7. 26.〉

③ 삭제 〈2013. 3. 23.〉

④ 고위공무원단에 속하는 별정직공무원의 신규채용에 관하여는 「국가공무원법」 제28조의6제3항을 준용한다.

[전문개정 2011. 4. 28.]

제8조(직원의 임용 자격 및 결격사유) ① 경호처 직원은 신체 건강하고 사상이 건전하며 품행이 바른 사람 중에서 임용한다. 〈개정 2013. 3. 23., 2017. 7. 26.〉

② 다음 각 호의 어느 하나에 해당하는 사람은 직원으로 임용될 수 없다.

1. 대한민국의 국적을 가지지 아니한 사람
2. 「국가공무원법」 제33조 각 호의 어느 하나에 해당하는 사람

③ 제2항 각 호(「국가공무원법」 제33조 제5호는 제외한다)의 어느 하나에 해당하는 직원은 당연히 퇴직한다.

[전문개정 2011. 4. 28.]

제9조(비밀의 엄수) ① 소속공무원[퇴직한 사람과 원(原) 소속 기관에 복귀한 사람을 포함한다. 이하 이 조에서 같다]은 직무상 알게 된 비밀을 누설하여서는 아니 된다.

② 소속공무원은 경호처의 직무와 관련된 사항을 발간하거나 그 밖의 방법으로 공표하려면 미리 처장의 허가를 받아야 한다. 〈개정 2013. 3. 23., 2017. 7. 26.〉

[전문개정 2011. 4. 28.]

제10조(직권면직) ① 임용권자는 직원(별정직 국가공무원은 제외한다. 이하 이 조에서 같다)이 다음 각 호의 어느 하나에 해당하면 직권으로 면직할 수 있다.

1. 신체적·정신적 이상으로 6개월 이상 직무를 수행하지 못할 만한 지장이 있을 때
2. 직무 수행 능력이 현저하게 부족하거나 근무태도가 극히 불량하여 직원으로서 부적합하다고 인정될 때
3. 직제와 정원의 개폐(改廢) 또는 예산의 감소 등에 의하여 폐직(廢職) 또는 과원(過員)이 된 때
4. 휴직 기간이 끝나거나 휴직 사유가 소멸된 후에도 정당한 이유 없이 직무에 복귀하지 아니하거나 직무를 수행할 수 없을 때
5. 직무 수행 능력이 부족하거나 근무성적이 극히 불량하여 대통령령으로 정하는 바에 따라 대기 명령을 받은 사람이 그 기간 중 능력 또는 근무성적의 향상을 기대하기 어렵다고 인정될 때
6. 해당 직급에서 직무를 수행하는 데에 필요한 자격증의 효력이 상실되거나 면허가 취소되어 담당 직무를 수행할 수 없게 되었을 때

② 제1항 제2호·제5호에 해당하여 면직하는 경우에는 대통령령으로 정하는 바에 따라 고등징계위원회의 동의를 받아야 한다.

③ 제1항 제3호에 해당하여 면직하는 경우에는 임용 형태, 업무실적, 직무 수행 능력, 징계처분 사실 등을 고려하여 면직 기준을 정하여야 한다. 이 경우 면직된 직원은 결원이 생기면 우선하여 재임용할 수 있다.

④ 제3항의 면직 기준을 정하거나 제1항 제3호에 따라 면직 대상자를 결정할 때에는 대통령령으로 정하는 바에 따라 인사위원회의 심의·의결을 거쳐야 한다.

[전문개정 2011. 4. 28.]

제11조(정년) ① 경호공무원의 정년은 다음의 구분에 따른다. 〈개정 2013. 8. 13.〉

1. 연령정년
   가. 5급 이상: 58세
   나. 6급 이하: 55세
2. 계급정년
   가. 2급: 4년
   나. 3급: 7년
   다. 4급: 12년

라. 5급: 16년

② 경호공무원이 강임(降任)된 경우에는 제1항 제2호에 따른 계급정년의 경력을 산정할 때에 강임되기 전의 상위계급으로 근무한 경력은 강임된 계급으로 근무한 경력에 포함한다.

③ 경호공무원은 그 정년이 된 날이 1월부터 6월 사이에 있는 경우에는 6월 30일에, 7월부터 12월 사이에 있는 경우에는 12월 31일에 각각 당연히 퇴직한다.

④ 삭제 〈2013. 8. 13.〉

⑤ 삭제 〈2013. 8. 13.〉

[전문개정 2011. 4. 28.]

제12조(징계) ① 직원의 징계에 관한 사항을 심사·의결하기 위하여 경호처에 고등징계위원회와 보통징계위원회를 둔다. 〈개정 2013. 3. 23., 2017. 7. 26.〉

② 각 징계위원회는 위원장 1명과 4명 이상 6명 이하의 위원으로 구성한다.

③ 직원의 징계는 징계위원회의 의결을 거쳐 처장이 한다. 다만, 5급 이상 직원의 파면 및 해임은 고등징계위원회의 의결을 거쳐 처장의 제청으로 대통령이 한다. 〈개정 2017. 7. 26.〉

④ 징계위원회의 구성 및 운영 등에 필요한 사항은 대통령령으로 정한다.

[전문개정 2011. 4. 28.]

제13조(보상) 직원으로서 제4조 제1항 각 호의 경호대상에 대한 경호업무 수행 또는 그와 관련하여 상이(傷痍)를 입고 퇴직한 사람과 그 가족 및 사망(상이로 인하여 사망한 경우를 포함한다)한 사람의 유족에 대하여는 대통령령으로 정하는 바에 따라 「국가유공자 등 예우 및 지원에 관한 법률」 또는 「보훈보상대상자 지원에 관한 법률」에 따른 보상을 한다. 〈개정 2011. 9. 15.〉

[전문개정 2011. 4. 28.]

제14조(「국가공무원법」과의 관계 등) ① 직원의 신규채용, 시험의 실시, 승진, 근무성적평정, 보수 및 교육훈련에 관한 사항은 대통령령으로 정한다.

② 직원에 대하여는 이 법에 특별한 규정이 있는 경우를 제외하고는 「국가공무원법」을 준용한다.
③ 직원에 대하여는 「국가공무원법」 제17조 및 제18조를 적용하지 아니한다.
[전문개정 2011. 4. 28.]

제15조(국가기관 등에 대한 협조 요청) 처장은 직무상 필요하다고 인정할 때에는 국가기관, 지방자치단체, 그 밖의 공공단체의 장에게 그 공무원 또는 직원의 파견이나 그 밖에 필요한 협조를 요청할 수 있다. 〈개정 2012. 2. 2., 2013. 3. 23., 2017. 7. 26.〉
[전문개정 2011. 4. 28.]

제16조(대통령경호안전대책위원회) ① 제4조 제1항 각 호의 경호대상에 대한 경호업무를 수행할 때에는 관계기관의 책임을 명확하게 하고, 협조를 원활하게 하기 위하여 경호처에 대통령경호안전대책위원회(이하 "위원회"라 한다)를 둔다. 〈개정 2012. 2. 2., 2013. 3. 23., 2017. 7. 26.〉
② 위원회는 위원장과 부위원장 각 1명을 포함한 20명 이내의 위원으로 구성한다.
③ 위원장은 처장이 되고, 부위원장은 차장이 되며, 위원은 대통령령으로 정하는 관계기관의 공무원이 된다. 〈개정 2012. 2. 2., 2013. 3. 23., 2017. 7. 26.〉
④ 위원회는 다음 각 호의 사항을 관장한다.
1. 대통령 경호에 필요한 안전대책과 관련된 업무의 협의
2. 대통령 경호와 관련된 첩보 · 정보의 교환 및 분석
3. 그 밖에 제4조 제1항 각 호의 경호대상에 대한 경호에 필요하다고 인정되는 업무
⑤ 위원회의 구성 및 운영에 필요한 사항은 대통령령으로 정한다.
[전문개정 2011. 4. 28.]

제17조(경호공무원의 사법경찰권) ① 경호공무원(처장의 제청으로 서울중앙지방검찰청 검사장이 지명한 경호공무원을 말한다. 이하 이 조에서 같다)은 제4조 제1항 각 호의 경호대상에 대한 경호업무 수행 중 인지한 그 소

관에 속하는 범죄에 대하여 직무상 또는 수사상 긴급을 요하는 한도 내에서 사법경찰관리(司法警察官吏)의 직무를 수행할 수 있다. 〈개정 2013. 3. 23., 2017. 7. 26.〉

② 제1항의 경우 7급 이상 경호공무원은 사법경찰관의 직무를 수행하고, 8급 이하 경호공무원은 사법경찰리(司法警察吏)의 직무를 수행한다.

[전문개정 2011. 4. 28.]

제18조(직권 남용 금지 등) ① 소속공무원은 직권을 남용하여서는 아니 된다.

② 경호처에 파견된 경찰공무원은 이 법에 규정된 임무 외의 경찰공무원의 직무를 수행할 수 없다. 〈개정 2013. 3. 23., 2017. 7. 26.〉

[전문개정 2011. 4. 28.]

제19조(무기의 휴대 및 사용) ① 처장은 직무를 수행하기 위하여 필요하다고 인정할 때에는 소속공무원에게 무기를 휴대하게 할 수 있다. 〈개정 2013. 3. 23., 2017. 7. 26.〉

② 제1항에 따라 무기를 휴대하는 사람은 그 직무를 수행할 때 필요하다고 인정하는 상당한 이유가 있을 경우 그 사태에 대응하여 부득이하다고 판단되는 한도 내에서 무기를 사용할 수 있다. 다만, 다음 각 호의 어느 하나에 해당할 때를 제외하고는 사람에게 위해를 끼쳐서는 아니 된다.

1. 「형법」 제21조 및 제22조에 따른 정당방위와 긴급피난에 해당할 때
2. 제4조 제1항 각 호의 경호대상에 대한 경호업무 수행 중 인지한 그 소관에 속하는 범죄로 사형, 무기 또는 장기 3년 이상의 징역 또는 금고에 해당하는 죄를 범하거나 범하였다고 의심할 만한 충분한 이유가 있는 사람이 소속공무원의 직무집행에 대하여 항거하거나 도피하려고 할 때 또는 제3자가 그를 도피시키려고 소속공무원에게 항거할 때에 이를 방지하거나 체포하기 위하여 무기를 사용하지 아니하고는 다른 수단이 없다고 인정되는 상당한 이유가 있을 때
3. 야간이나 집단을 이루거나 흉기나 그 밖의 위험한 물건을 휴대하여 경호업무를 방해하기 위하여 소속공무원에게 항거할 경우에 이를 방지하거나 체포하기 위하여 무기를 사용하지 아니하고는 다른 수단이 없다고 인정되는 상당한 이유가 있을 때

[전문개정 2011. 4. 28.]

제20조 삭제 〈2011. 4. 28.〉

제21조(벌칙) ① 제9조 제1항, 제18조 또는 제19조 제2항을 위반한 사람은 5년 이하의 징역이나 금고 또는 1천만원 이하의 벌금에 처한다.
② 제9조 제2항을 위반한 사람은 2년 이하의 징역·금고 또는 500만원 이하의 벌금에 처한다.
[전문개정 2011. 4. 28.]

부 칙〈법률 제14839호, 2017. 7. 26.〉(정부조직법)

제1조(시행일) ① 이 법은 공포한 날부터 시행한다. 다만, 부칙 제5조에 따라 개정되는 법률 중 이 법 시행 전에 공포되었으나 시행일이 도래하지 아니한 법률을 개정한 부분은 각각 해당 법률의 시행일부터 시행한다.

제2조부터 **제4조**까지 생략

제5조(다른 법률의 개정) ① 부터 〈302〉까지 생략
〈303〉 대통령 등의 경호에 관한 법률 일부를 다음과 같이 개정한다.
제2조 제3호 중 "대통령경호실(이하 "경호실"이라 한다)"을 "대통령경호처(이하 "경호처"라 한다)"로 한다.
제2조 제3호, 제3조 제1항·제2항, 제4조 제1항 각 호 외의 부분, 제6조 제1항 본문, 제8조 제1항, 제9조 제2항, 제12조 제1항, 제16조 제1항 및 제18조 제2항 중 "경호실"을 각각 "경호처"로 한다.
제2조 제4호 중 "경호실이"를 "경호처가"로 한다.
제3조의 제목 "(대통령경호실장 등)"을 "(대통령경호처장 등)"으로 한다.
제3조 제1항 중 "대통령경호실장(이하 "실장"이라 한다)"을 "대통령경호처장(이하 "처장"이라 한다)"으로 한다.
제3조 제3항 중 "정무직·1급 경호공무원"을 "1급 경호공무원"으로 한다.
제3조 제3항, 제4조 제1항 제6호, 같은 조 제3항, 제5조 제1항, 제5조의2제2항,

제7조 제1항 본문 · 단서, 같은 조 제2항, 제9조 제2항, 제12조 제3항 본문 · 단서, 제15조, 제16조 제3항, 제17조 제1항 및 제19조 제1항 중 "실장"을 각각 "처장"으로 한다.

〈304〉부터 〈382〉까지 생략

제6조 생략

2) 대통령경호안전대책위원회규정

[시행 2019. 8. 13.] [대통령령 제30039호, 2019. 8. 13., 타법개정]

제1조(목적) 이 영은 「대통령 등의 경호에 관한 법률」 제16조에 따른 대통령경호안전대책위원회의 구성 및 운영에 관하여 필요한 사항을 규정함을 목적으로 한다. 〈개정 2008. 2. 29.〉

[전문개정 2007. 1. 18.]

제2조(구성) 대통령경호안전대책위원회(이하 "위원회"라 한다)의 위원은 국가정보원 테러정보통합센터장, 외교부 해외안전관리기획관, 법무부 출입국·외국인정책본부장, 국방부 조사본부장, 문화체육관광부 관광산업정책관, 과학기술정보통신부 통신정책국장, 국토교통부 항공안전정책관, 식품의약품안전처 식품안전정책국장, 관세청 조사감시국장, 대검찰청 공공수사정책관, 경찰청 보안국장, 소방청 119구조구급국장, 해양경찰청 경비국장, 합동참모본부 작전본부 소속 장성급 장교 중 위원장이 지명하는 1명, 군사안보지원사령부 소속 장성급 장교 또는 2급 이상의 군무원 중 위원장이 지명하는 1명, 수도방위사령부 참모장과 위원장이 임명 또는 위촉하는 자로 구성한다. 〈개정 2008. 2. 29., 2008. 10. 28., 2009. 5. 6., 2009. 12. 29., 2013. 3. 23., 2013. 12. 24., 2017. 7. 26., 2018. 9. 18., 2019. 8. 13.〉

[전문개정 2007. 1. 18.]

제3조 삭제 〈2007. 1. 18.〉

제4조(책임) ① 대통령경호안전대책활동(이하 "안전대책활동"이라 한다)에 관하여는 위원회 구성원 전원과 그 구성원이 속하는 기관의 장이 공동으로 책임을 지며, 각 구성원은 위원회의 결정사항 기타 안전대책활동을 위하여 부여된 임무에 관하여 상호간 최대한의 협조를 하여야 한다.

② 각 구성원의 분장책임은 다음과 같다. 〈개정 2004. 7. 24., 2007. 1. 18., 2008. 2. 29., 2008. 10. 28., 2009. 5. 6., 2009. 12. 29., 2013. 3. 23., 2013. 12. 24., 2017. 7. 26., 2018. 9. 18., 2019. 8. 13.〉

1. 대통령경호처장
   안전대책활동에 관한 전반적인 업무를 총괄하며 필요한 안전대책활동지침을 수립하여 관계부서에 부여한다.
2. 국가정보원 테러정보통합센터장
   가. 입수된 경호 관련 첩보 및 정보의 신속한 전파 · 보고
   나. 위해요인의 제거
   다. 정보 및 보안대상기관에 대한 조정
   라. 행사참관 해외동포 입국자에 대한 동향파악 및 보안조치
   마. 그 밖에 국내 · 외 경호행사의 지원
3. 외교부 해외안전관리기획관
   가. 입수된 경호 관련 첩보 및 정보의 신속한 전파 · 보고
   나. 사증발급지원
   다. 그 밖에 국내 · 외 경호행사의 지원
4. 법무부 출입국 · 외국인정책본부장
   가. 입수된 경호 관련 첩보 및 정보의 신속한 전파 · 보고
   나. 위해용의자에 대한 출입국 및 체류관련 동향의 즉각적인 전파 · 보고
   다. 그 밖에 국내 · 외 경호행사의 지원

5. 국방부 조사본부장
   가. 입수된 경호 관련 첩보 및 정보의 신속한 전파 · 보고
   나. 경호임무 수행을 위한 군 헌병업무 지원
   다. 군관련 사고 및 사건의 접수 · 처리 · 분석 및 대책의 수립
   라. 그 밖에 국내 · 외 경호행사의 지원
6. 문화체육관광부 관광산업정책관
   가. 입수된 경호 관련 첩보 및 정보의 신속한 전파 · 보고
   나. 문화 · 체육 · 관광 시설 등에서의 경호와 관련된 협조
   다. 그 밖에 국내 · 외 경호행사의 지원
7. 과학기술정보통신부 통신정책국장
   가. 입수된 경호 관련 첩보 및 정보의 신속한 전파 · 보고
   나. 경호임무 수행을 위한 정보통신업무의 지원
   다. 정보통신망을 이용한 경호관련 위해사항의 확인

라. 그 밖에 국내·외 경호행사의 지원

8. 국토교통부 항공안전정책관
   가. 입수된 경호 관련 첩보 및 정보의 신속한 전파·보고
   나. 민간항공기의 행사장 상공비행에 대한 통제 및 협조
   다. 육로 및 철로와 공중기동수단에 대한 통제 및 협조
   라. 그 밖에 국내·외 경호행사의 지원

8의2. 식품의약품안전처 식품안전정책국장
   가. 식품의약품 안전 관련 입수된 첩보 및 정보의 신속한 전파·보고
   나. 경호임무에 필요한 식음료 위생 및 안전관리 지원
   다. 식음료 관련 영업장 종사자에 대한 위생교육
   라. 식품의약품 안전검사 및 그 밖에 필요한 자료의 지원
   마. 그 밖에 국내외 경호행사의 지원

9. 관세청 조사감시국장
   가. 입수된 경호 관련 첩보 및 정보의 신속한 전파·보고
   나. 출입국자에 대한 검색 및 검사
   다. 휴대품·소포·화물에 대한 검색
   라. 그 밖에 국내·외 경호행사의 지원

10. 대검찰청 공공수사정책관
   가. 입수된 경호 관련 첩보 및 정보의 신속한 전파·보고
   나. 위해음모 발견시 수사지휘 총괄
   다. 위해가능인물의 관리 및 자료수집
   라. 국제테러범죄 조직과 연계된 위해사범의 방해책동 사전차단
   마. 그 밖에 국내·외 경호행사의 지원

11. 경찰청 보안국장
   가. 입수된 경호 관련 첩보 및 정보의 신속한 전파·보고
   나. 위해가능인물에 대한 동향파악
   다. 행사참석자 및 종사자의 신원조사
   라. 입국체류자중 위해가능인물에 대한 동향 파악
   마. 행사장·기동로 주변 집회 및 시위관련 정보제공과 비상상황 방지대책의 수립
   바. 우범지대 및 취약지역에 대한 검문·검색

사. 행사장 및 행차로 주변에 산재한 물적 취약요소에 대한 안전조치
아. 행차로 요충지 등에 정보센터 설치 · 운영
자. 총포 · 화약류의 영치관리와 봉인 등 안전관리
차. 불법무기류의 색출 및 분실무기의 수사
카. 그 밖에 국내 · 외 경호행사의 지원

12. 해양경찰청 경비국장
가. 입수된 경호 관련 첩보 및 정보의 신속한 전파 · 보고
나. 해상에서의 경호 · 테러예방 및 안전조치
다. 그 밖에 국내 · 외 경호행사의 지원

13. 소방청 119구조구급국장
가. 입수된 경호 관련 첩보 및 정보의 신속한 전파 · 보고
나. 경호임무 수행을 위한 소방방재업무 지원
다. 그 밖에 국내외 경호행사의 지원

14. 합동참모본부 작전본부 소속 장성급 장교 중 위원장이 지명하는 1명
가. 입수된 경호 관련 첩보 및 정보의 신속한 전파 · 보고
나. 안전대책활동에 대한 육 · 해 · 공군업무의 총괄 및 협조
다. 삭제 〈2007. 1. 18.〉
라. 그 밖에 국내 · 외 경호행사의 지원

15. 군사안보지원사령부 소속 장성급 장교 또는 2급 이상의 군무원 중 위원장이 지명하는 1명
가. 입수된 경호 관련 첩보 및 정보의 신속한 전파 · 보고
나. 군내 행사장에 대한 안전활동
다. 군내 위해가능인물에 대한 동향파악
라. 행사참석자 및 종사자의 신원조사
마. 군부대 동향 파악
바. 행차로 주변 군시설물에 대한 안전조치
사. 취약지에 대한 검문 · 검색
아. 경호유관시설에 대한 보안지원 활동
자. 그 밖에 국내 · 외 경호행사의 지원

16. 수도방위사령부 참모장
가. 입수된 경호 관련 첩보 및 정보의 신속한 전파 · 보고
나. 수도방위사령부 관할지역 내 진입로 및 취약지에 대한 검문 · 검색

다. 수도방위사령부 관할지역의 경호구역 및 그 외곽지역 수색·경계 등 경호활동 지원

라. 그 밖에 국내·외 경호행사의 지원

제5조(소집) ① 위원장은 위원회의 회의를 소집하고, 그 의장이 된다.

② 위원장은 필요하다고 인정할 때에는 부위원장으로 하여금 위원장의 직무를 대행하게 할 수 있다.

[전문개정 1995. 12. 14.]

제6조(간사) ① 위원회의 사무를 처리하기 위하여 위원회에 간사 1인을 둔다.

② 간사는 대통령경호처 직원중에서 위원장이 임명한다. 〈개정 2008. 2. 29., 2013. 3. 23., 2017. 7. 26.〉

[본조신설 1995. 12. 14.]

[종전 제6조는 제8조로 이동 〈1995. 12. 14.〉]

제7조(실무위원회) ① 위원회의 소관사항을 예비심의하거나 위원회로부터 위임받은 사항의 처리를 위하여 위원회에 실무위원회를 둘 수 있다.

② 실무위원회의 구성·운영등에 관하여 필요한 사항은 위원장이 정한다.

[본조신설 1995. 12. 14.]

제8조(운영세칙) 이 영의 시행에 관하여 필요한 사항은 위원장이 정한다. 〈개정 1995. 12. 14.〉

[제6조에서 이동 〈1995. 12. 14.〉]

부 칙 〈대통령령 제30039호, 2019. 8. 13.〉 (검찰청 사무기구에 관한 규정)

제1조(시행일) 이 영은 공포한 날부터 시행한다.

제2조(다른 법령의 개정) 대통령경호안전대책위원회규정 일부를 다음과 같이

개정한다.
제2조 중 "공안기획관"을 "공공수사정책관"으로 한다.
제4조 제2항 제10호 각 목 외의 부분 중 "공안기획관"을 "공공수사정책관"으로 한다.

2 안보관계법

1) 국가정보원법

[시행 2014. 12. 30.] [법률 제12948호, 2014. 12. 30., 일부개정]

제1조(목적) 이 법은 국가정보원의 조직 및 직무범위와 국가안전보장 업무의 효율적인 수행을 위하여 필요한 사항을 규정함을 목적으로 한다.
[전문개정 2011. 11. 22.]

제2조(지위) 국가정보원(이하 "국정원"이라 한다)은 대통령 소속으로 두며, 대통령의 지시와 감독을 받는다.
[전문개정 2011. 11. 22.]

제3조(직무) ① 국정원은 다음 각 호의 직무를 수행한다.

1. 국외 정보 및 국내 보안정보[대공(對共), 대정부전복(對政府顚覆), 방첩(防諜), 대테러 및 국제범죄조직]의 수집 · 작성 및 배포
2. 국가 기밀에 속하는 문서 · 자재 · 시설 및 지역에 대한 보안 업무. 다만, 각급 기관에 대한 보안감사는 제외한다.
3. 「형법」 중 내란(內亂)의 죄, 외환(外患)의 죄, 「군형법」 중 반란의 죄, 암호 부정사용의 죄, 「군사기밀 보호법」에 규정된 죄, 「국가보안법」에 규정된 죄에 대한 수사
4. 국정원 직원의 직무와 관련된 범죄에 대한 수사
5. 정보 및 보안 업무의 기획 · 조정

② 제1항 제1호 및 제2호의 직무 수행을 위하여 필요한 사항과 같은 항 제5호에 따른 기획 · 조정의 범위와 대상 기관 및 절차 등에 관한 사항은 대통령령으로 정한다.
[전문개정 2011. 11. 22.]

제4조(조직) ① 국정원의 조직은 국가정보원장(이하 "원장"이라 한다)이 대통령의 승인을 받아 정한다.

② 국정원은 직무 수행상 특히 필요한 경우에는 대통령의 승인을 받아 특별시·광역시·도 또는 특별자치도에 지부(支部)를 둘 수 있다.

[전문개정 2011. 11. 22.]

제5조(직원) ① 국정원에 원장·차장 및 기획조정실장과 그 밖에 필요한 직원을 둔다. 다만, 특히 필요한 경우에는 차장을 2명 이상 둘 수 있다.

② 직원의 정원은 예산의 범위에서 대통령의 승인을 받아 원장이 정한다.

[전문개정 2011. 11. 22.]

제6조(조직 등의 비공개) 국정원의 조직·소재지 및 정원은 국가안전보장을 위하여 필요한 경우에는 그 내용을 공개하지 아니할 수 있다.

[전문개정 2011. 11. 22.]

제7조(원장·차장·기획조정실장) ① 원장은 국회의 인사청문을 거쳐 대통령이 임명하며, 차장 및 기획조정실장은 원장의 제청으로 대통령이 임명한다.

② 원장은 정무직으로 하며, 국정원의 업무를 총괄하고 소속 직원을 지휘·감독한다.

③ 차장은 정무직으로 하고 원장을 보좌하며, 원장이 부득이한 사유로 직무를 수행할 수 없을 때에는 그 직무를 대행한다.

④ 기획조정실장은 별정직으로 하고 원장과 차장을 보좌하며, 위임된 사무를 처리한다.

⑤ 원장·차장 및 기획조정실장 외의 직원 인사에 관한 사항은 따로 법률로 정한다.

[전문개정 2011. 11. 22.]

제8조(겸직 금지) 원장·차장 및 기획조정실장은 다른 직(職)을 겸할 수 없다.

[전문개정 2011. 11. 22.]

제9조(정치 관여 금지) ① 원장·차장과 그 밖의 직원은 정당이나 정치단체에 가입하거나 정치활동에 관여하는 행위를 하여서는 아니 된다.

② 제1항에서 정치활동에 관여하는 행위란 다음 각 호의 어느 하나에 해당하는 행위를 말한다. 〈개정 2014. 1. 14.〉

1. 정당이나 정치단체의 결성 또는 가입을 지원하거나 방해하는 행위
2. 그 직위를 이용하여 특정 정당이나 특정 정치인에 대하여 지지 또는 반대 의견을 유포하거나, 그러한 여론을 조성할 목적으로 특정 정당이나 특정 정치인에 대하여 찬양하거나 비방하는 내용의 의견 또는 사실을 유포하는 행위
3. 특정 정당이나 특정 정치인을 위하여 기부금 모집을 지원하거나 방해하는 행위 또는 국가·지방자치단체 및 「공공기관의 운영에 관한 법률」에 따른 공공기관의 자금을 이용하거나 이용하게 하는 행위
4. 특정 정당이나 특정인의 선거운동을 하거나 선거 관련 대책회의에 관여하는 행위
5. 「정보통신망 이용촉진 및 정보보호 등에 관한 법률」에 따른 정보통신망을 이용한 제1호부터 제4호까지에 해당하는 행위
6. 소속 직원이나 다른 공무원에 대하여 제1호부터 제5호까지의 행위를 하도록 요구하거나 그 행위와 관련한 보상 또는 보복으로서 이익 또는 불이익을 주거나 이를 약속 또는 고지(告知)하는 행위

③ 직원은 원장, 차장과 그 밖의 다른 직원으로부터 제2항에 해당하는 행위의 집행을 지시 받은 경우 원장이 정한 절차에 따라 이의를 제기할 수 있으며, 시정되지 않을 경우 그 직무의 집행을 거부할 수 있다. 〈신설 2014. 1. 14.〉

④ 직원이 전항의 규정에 따라 이의제기 절차를 거친 후 시정되지 않을 경우, 오로지 공익을 목적으로 제2항에 해당하는 행위의 집행을 지시 받은 사실을 수사기관에 신고하는 경우 「국가정보원직원법」 제17조의 규정은 적용하지 아니한다. 〈신설 2014. 1. 14.〉

⑤ 누구든지 제4항의 신고자에게는 그 신고를 이유로 불이익조치(「공익신고자 보호법」 제2조 제6호에 따른 불이익조치를 말한다)를 하여서는 아니 된다. 〈신설 2014. 1. 14.〉

[전문개정 2011. 11. 22.]

제10조(겸직 직원) ① 원장은 현역 군인 또는 필요한 공무원의 파견근무를 관계 기관의 장에게 요청할 수 있다.

② 겸직 직원의 원(原) 소속 기관의 장은 겸직 직원의 모든 신분상의 권익과 보수를 보장하여야 하며, 겸직 직원을 전보(轉補) 발령하려면 미리 원장의 동의를 받아야 한다.

③ 겸직 직원은 겸직 기간 중 원 소속 기관의 장의 지시 또는 감독을 받지 아니한다.

④ 겸직 직원의 정원은 관계 기관의 장과 협의하여 대통령의 승인을 받아 원장이 정한다.

[전문개정 2011. 11. 22.]

제11조(직권 남용의 금지) ① 원장·차장과 그 밖의 직원은 그 직권을 남용하여 법률에 따른 절차를 거치지 아니하고 사람을 체포 또는 감금하거나 다른 기관·단체 또는 사람으로 하여금 의무 없는 일을 하게 하거나 사람의 권리 행사를 방해하여서는 아니 된다.

② 국정원 직원으로서 제16조에 따라 사법경찰관리(군사법경찰관리를 포함한다)의 직무를 수행하는 사람은 그 직무를 수행할 때에 다음 각 호의 규정을 포함하여 범죄수사에 관한 적법절차를 준수하여야 한다.

1. 「형사소송법」 제34조[피고인·피의자와의 접견·교통·수진(受診)]와 같은 법 제209조에 따라 수사에 준용되는 같은 법 제87조(구속의 통지), 제89조(구속된 피고인과의 접견·수진), 제90조(변호인의 의뢰)
2. 「군사법원법」 제63조(피고인·피의자와의 접견 등)와 같은 법 제232조의6에 따라 수사에 준용되는 같은 법 제127조(구속의 통지), 제129조(구속된 피고인과의 접견 등) 및 제130조(변호인의 의뢰)

[전문개정 2011. 11. 22.]

제12조(예산회계) ① 국정원은 「국가재정법」 제40조에 따른 독립기관으로 한다.

② 국정원은 세입, 세출예산을 요구할 때에 「국가재정법」 제21조의 구분에 따라 총액으로 기획재정부장관에게 제출하며, 그 산출내역과 같은 법 제34조에 따른 예산안의 첨부서류는 제출하지 아니할 수 있다. 〈개정 2014. 1. 14.〉

③ 국정원의 예산 중 미리 기획하거나 예견할 수 없는 비밀활동비는 총액으로 다른 기관의 예산에 계상할 수 있으며, 그 예산은 국회 정보위원회에서 심사한다. 〈개정 2014. 1. 14.〉

④ 국정원은 제2항 및 제3항에도 불구하고 국회 정보위원회에 국정원의 모든 예산(제3항에 따라 다른 기관에 계상된 예산을 포함한다)에 관하여 실질심사에 필요한 세부 자료를 제출하여야 한다. 〈개정 2014. 1. 14.〉

⑤ 국회 정보위원회는 국정원의 예산심의를 비공개로 하며, 국회 정보위원회의 위원은 국정원의 예산 내역을 공개하거나 누설하여서는 아니 된다.

[전문개정 2011. 11. 22.]

제13조(국회에서의 증언 등) ① 원장은 국회 예산결산 심사 및 안건 심사와 감사원의 감사가 있을 때에 성실하게 자료를 제출하고 답변하여야 한다. 다만, 국가의 안전보장에 중대한 영향을 미치는 국가 기밀 사항에 대하여는 그 사유를 밝히고 자료의 제출 또는 답변을 거부할 수 있다. 〈개정 2014. 1. 14.〉

② 원장은 제1항에도 불구하고 국회 정보위원회에서 자료의 제출, 증언 또는 답변을 요구받은 경우와 「국회에서의 증언·감정 등에 관한 법률」에 따라 자료의 제출 또는 증언을 요구받은 경우에는 군사·외교·대북관계의 국가 기밀에 관한 사항으로서 그 발표로 인하여 국가 안위(安危)에 중대한 영향을 미치는 사항에 대하여는 그 사유를 밝히고 자료의 제출, 증언 또는 답변을 거부할 수 있다. 이 경우 국회 정보위원회 등은 그 의결로써 국무총리의 소명을 요구할 수 있으며, 소명을 요구받은 날부터 7일 이내에 국무총리의 소명이 없는 경우에는 자료의 제출, 증언 또는 답변을 거부할 수 없다.

③ 원장은 국가 기밀에 속하는 사항에 관한 자료와 증언 또는 답변에 대하여 이를 공개하지 아니할 것을 요청할 수 있다.

④ 이 법에서 "국가 기밀"이란 국가의 안전에 대한 중대한 불이익을 피하기 위하여 한정된 인원만이 알 수 있도록 허용되고 다른 국가 또는 집단에 대하여 비밀로 할 사실·물건 또는 지식으로서 국가 기밀로 분류된 사항만을 말한다.

[전문개정 2011. 11. 22.]

제14조(회계검사 및 직무감찰의 보고) 원장은 그 책임하에 소관 예산에 대한 회계검사와 직원의 직무 수행에 대한 감찰을 하고, 그 결과를 대통령과 국회 정보위원회에 보고하여야 한다.

[전문개정 2011. 11. 22.]

제15조(국가기관 등에 대한 협조 요청) 원장은 이 법에서 정하는 직무를 수행할 때 필요한 협조와 지원을 관계 국가기관 및 공공단체의 장에게 요청할 수 있다.

[전문개정 2011. 11. 22.]

제15조의2(직원의 업무수행) 직원은 다른 국가기관과 정당, 언론사 등의 민간을 대상으로, 법률과 내부규정에 위반한 파견·상시출입 등 방법을 통한 정보활동을 하여서는 아니 된다. 그 업무수행의 절차와 방식은 내부규정으로 정한다.

[본조신설 2014. 1. 14.]

제16조(사법경찰권) 국정원 직원으로서 원장이 지명하는 사람은 제3조 제1항 제3호 및 제4호에 규정된 죄에 관하여 「사법경찰관리의 직무를 수행할 자와 그 직무범위에 관한 법률」 및 「군사법원법」의 규정에 따라 사법경찰관리와 군사법경찰관리의 직무를 수행한다.

[전문개정 2011. 11. 22.]

제17조(무기의 사용) ① 원장은 직무를 수행하기 위하여 필요하다고 인정할 때에는 소속 직원에게 무기를 휴대하게 할 수 있다.

② 제1항의 무기 사용에 관하여는 「경찰관 직무집행법」 제10조의4를 준용한다. 〈개정 2014. 5. 20.〉

[전문개정 2011. 11. 22.]

제18조(정치 관여죄) ① 제9조 제1항을 위반하여 정당이나 그 밖의 정치단체에 가입하거나 정치활동에 관여하는 행위를 한 사람은 7년 이하의 징역과 7년 이하의 자격정지에 처한다. 〈개정 2014. 1. 14.〉

② 제1항에 규정된 죄의 미수범은 처벌한다.
③ 제1항, 제2항에 규정된 죄에 대한 공소시효의 기간은 「형사소송법」 제249조 제1항에도 불구하고 10년으로 한다. 〈신설 2014. 1. 14.〉
[전문개정 2011. 11. 22.]

제19조(직권남용죄) ① 제11조 제1항을 위반하여 사람을 체포 또는 감금하거나 다른 기관·단체 또는 사람으로 하여금 의무 없는 일을 하게 하거나 사람의 권리 행사를 방해한 사람은 7년 이하의 징역과 7년 이하의 자격정지에 처한다.
② 제11조 제2항을 위반하여 국정원 직원으로서 사법경찰관리(군사법경찰관리를 포함한다)의 직무를 수행하는 사람이 변호인의 피의자 접견·교통·수진, 구속의 통지, 변호인 아닌 자의 피의자 접견·수진, 변호인의 의뢰에 관한 「형사소송법」의 규정을 준수하지 아니하여 피의자, 변호인 또는 관계인의 권리를 침해한 사람은 1년 이하의 징역 또는 1천만원 이하의 벌금에 처한다. 〈개정 2014. 12. 30.〉
③ 제1항에 규정된 죄의 미수범은 처벌한다.
[전문개정 2011. 11. 22.]

부 칙 〈법률 제12948호, 2014. 12. 30.〉

이 법은 공포한 날부터 시행한다.

2) 국민보호와 공공안전을 위한 테러방지법 (약칭: 테러방지법)

[시행 2018. 10. 18.] [법률 제15608호, 2018. 4. 17., 타법개정]

제1조(목적) 이 법은 테러의 예방 및 대응 활동 등에 관하여 필요한 사항과 테러로 인한 피해보전 등을 규정함으로써 테러로부터 국민의 생명과 재산을 보호하고 국가 및 공공의 안전을 확보하는 것을 목적으로 한다.

제2조(정의) 이 법에서 사용하는 용어의 뜻은 다음과 같다.

1. "테러"란 국가·지방자치단체 또는 외국 정부(외국 지방자치단체와 조약 또는 그 밖의 국제적인 협약에 따라 설립된 국제기구를 포함한다)의 권한행사를 방해하거나 의무 없는 일을 하게 할 목적 또는 공중을 협박할 목적으로 하는 다음 각 목의 행위를 말한다.
   가. 사람을 살해하거나 사람의 신체를 상해하여 생명에 대한 위험을 발생하게 하는 행위 또는 사람을 체포·감금·약취·유인하거나 인질로 삼는 행위
   나. 항공기(「항공법」 제2조 제1호의 항공기를 말한다. 이하 이 목에서 같다)와 관련된 다음 각각의 어느 하나에 해당하는 행위
      1) 운항중(「항공보안법」 제2조 제1호의 운항중을 말한다. 이하 이 목에서 같다)인 항공기를 추락시키거나 전복·파괴하는 행위, 그 밖에 운항중인 항공기의 안전을 해칠 만한 손괴를 가하는 행위
      2) 폭행이나 협박, 그 밖의 방법으로 운항중인 항공기를 강탈하거나 항공기의 운항을 강제하는 행위
      3) 항공기의 운항과 관련된 항공시설을 손괴하거나 조작을 방해하여 항공기의 안전운항에 위해를 가하는 행위
   다. 선박(「선박 및 해상구조물에 대한 위해행위의 처벌 등에 관한 법률」 제2조 제1호 본문의 선박을 말한다. 이하 이 목에서 같다) 또는 해상구조물(같은 법 제2조 제5호의 해상구조물을 말한다. 이하 이 목에서 같다)과 관련된 다음 각각의 어느 하나에 해당하는 행위
      1) 운항(같은 법 제2조 제2호의 운항을 말한다. 이하 이 목에서 같다)

중인 선박 또는 해상구조물을 파괴하거나, 그 안전을 위태롭게 할 만한 정도의 손상을 가하는 행위(운항 중인 선박이나 해상구조물에 실려 있는 화물에 손상을 가하는 행위를 포함한다)

2) 폭행이나 협박, 그 밖의 방법으로 운항 중인 선박 또는 해상구조물을 강탈하거나 선박의 운항을 강제하는 행위

3) 운항 중인 선박의 안전을 위태롭게 하기 위하여 그 선박 운항과 관련된 기기 · 시설을 파괴하거나 중대한 손상을 가하거나 기능장애 상태를 야기하는 행위

라. 사망 · 중상해 또는 중대한 물적 손상을 유발하도록 제작되거나 그러한 위력을 가진 생화학 · 폭발성 · 소이성(燒夷性) 무기나 장치를 다음 각각의 어느 하나에 해당하는 차량 또는 시설에 배치하거나 폭발시키거나 그 밖의 방법으로 이를 사용하는 행위

1) 기차 · 전차 · 자동차 등 사람 또는 물건의 운송에 이용되는 차량으로서 공중이 이용하는 차량

2) 1)에 해당하는 차량의 운행을 위하여 이용되는 시설 또는 도로, 공원, 역, 그 밖에 공중이 이용하는 시설

3) 전기나 가스를 공급하기 위한 시설, 공중의 음용수를 공급하는 수도, 전기통신을 이용하기 위한 시설 및 그 밖의 시설로서 공용으로 제공되거나 공중이 이용하는 시설

4) 석유, 가연성 가스, 석탄, 그 밖의 연료 등의 원료가 되는 물질을 제조 또는 정제하거나 연료로 만들기 위하여 처리 · 수송 또는 저장하는 시설

5) 공중이 출입할 수 있는 건조물 · 항공기 · 선박으로서 1)부터 4)까지에 해당하는 것을 제외한 시설

마. 핵물질(「원자력시설 등의 방호 및 방사능 방재 대책법」 제2조 제1호의 핵물질을 말한다. 이하 이 목에서 같다), 방사성물질(「원자력안전법」 제2조 제5호의 방사성물질을 말한다. 이하 이 목에서 같다) 또는 원자력시설(「원자력시설 등의 방호 및 방사능 방재 대책법」 제2조 제2호의 원자력시설을 말한다. 이하 이 목에서 같다)과 관련된 다음 각각의 어느 하나에 해당하는 행위

1) 원자로를 파괴하여 사람의 생명 · 신체 또는 재산을 해하거나 그 밖

에 공공의 안전을 위태롭게 하는 행위
2) 방사성물질 등과 원자로 및 관계 시설, 핵연료주기시설 또는 방사선 발생장치를 부당하게 조작하여 사람의 생명이나 신체에 위험을 가하는 행위
3) 핵물질을 수수 · 소지 · 소유 · 보관 · 사용 · 운반 · 개조 · 처분 또는 분산하는 행위
4) 핵물질이나 원자력시설을 파괴 · 손상 또는 그 원인을 제공하거나 원자력시설의 정상적인 운전을 방해하여 방사성물질을 배출하거나 방사선을 노출하는 행위

2. "테러단체"란 국제연합(UN)이 지정한 테러단체를 말한다.
3. "테러위험인물"이란 테러단체의 조직원이거나 테러단체 선전, 테러자금 모금 · 기부, 그 밖에 테러 예비 · 음모 · 선전 · 선동을 하였거나 하였다고 의심할 상당한 이유가 있는 사람을 말한다.
4. "외국인테러전투원"이란 테러를 실행 · 계획 · 준비하거나 테러에 참가할 목적으로 국적국이 아닌 국가의 테러단체에 가입하거나 가입하기 위하여 이동 또는 이동을 시도하는 내국인 · 외국인을 말한다.
5. "테러자금"이란 「공중 등 협박목적 및 대량살상무기확산을 위한 자금조달행위의 금지에 관한 법률」 제2조 제1호에 따른 공중 등 협박목적을 위한 자금을 말한다.
6. "대테러활동"이란 제1호의 테러 관련 정보의 수집, 테러위험인물의 관리, 테러에 이용될 수 있는 위험물질 등 테러수단의 안전관리, 인원 · 시설 · 장비의 보호, 국제행사의 안전확보, 테러위협에의 대응 및 무력진압 등 테러 예방과 대응에 관한 제반 활동을 말한다.
7. "관계기관"이란 대테러활동을 수행하는 국가기관, 지방자치단체, 그 밖에 대통령령으로 정하는 기관을 말한다.
8. "대테러조사"란 대테러활동에 필요한 정보나 자료를 수집하기 위하여 현장조사 · 문서열람 · 시료채취 등을 하거나 조사대상자에게 자료제출 및 진술을 요구하는 활동을 말한다.

제3조(국가 및 지방자치단체의 책무) ① 국가 및 지방자치단체는 테러로부터 국민의 생명 · 신체 및 재산을 보호하기 위하여 테러의 예방과 대응에 필

요한 제도와 여건을 조성하고 대책을 수립하여 이를 시행하여야 한다.
② 국가 및 지방자치단체는 제1항의 대책을 강구함에 있어 국민의 기본적 인권이 침해당하지 아니하도록 최선의 노력을 하여야 한다.
③ 이 법을 집행하는 공무원은 헌법상 기본권을 존중하여 이 법을 집행하여야 하며 헌법과 법률에서 정한 적법절차를 준수할 의무가 있다.

제4조(다른 법률과의 관계) 이 법은 대테러활동에 관하여 다른 법률에 우선하여 적용한다.

제5조(국가테러대책위원회) ① 대테러활동에 관한 정책의 중요사항을 심의·의결하기 위하여 국가테러대책위원회(이하 "대책위원회"라 한다)를 둔다.
② 대책위원회는 국무총리 및 관계기관의 장 중 대통령령으로 정하는 사람으로 구성하고 위원장은 국무총리로 한다.
③ 대책위원회는 다음 각 호의 사항을 심의·의결한다.
1. 대테러활동에 관한 국가의 정책 수립 및 평가
2. 국가 대테러 기본계획 등 중요 중장기 대책 추진사항
3. 관계기관의 대테러활동 역할 분담·조정이 필요한 사항
4. 그 밖에 위원장 또는 위원이 대책위원회에서 심의·의결할 필요가 있다고 제의하는 사항

④ 그 밖에 대책위원회의 구성·운영 등에 필요한 사항은 대통령령으로 정한다.

제6조(대테러센터) ① 대테러활동과 관련하여 다음 각 호의 사항을 수행하기 위하여 국무총리 소속으로 관계기관 공무원으로 구성되는 대테러센터를 둔다.
1. 국가 대테러활동 관련 임무분담 및 협조사항 실무 조정
2. 장단기 국가대테러활동 지침 작성·배포
3. 테러경보 발령
4. 국가 중요행사 대테러안전대책 수립
5. 대책위원회의 회의 및 운영에 필요한 사무의 처리
6. 그 밖에 대책위원회에서 심의·의결한 사항

② 대테러센터의 조직·정원 및 운영에 관한 사항은 대통령령으로 정한다.

③ 대테러센터 소속 직원의 인적사항은 공개하지 아니할 수 있다.

제7조(대테러 인권보호관) ① 관계기관의 대테러활동으로 인한 국민의 기본권 침해 방지를 위하여 대책위원회 소속으로 대테러 인권보호관(이하 "인권보호관"이라 한다) 1명을 둔다.
② 인권보호관의 자격, 임기 등 운영에 관한 사항은 대통령령으로 정한다.

제8조(전담조직의 설치) ① 관계기관의 장은 테러 예방 및 대응을 위하여 필요한 전담조직을 둘 수 있다.
② 관계기관의 전담조직의 구성 및 운영과 효율적 테러대응을 위하여 필요한 사항은 대통령령으로 정한다.

제9조(테러위험인물에 대한 정보 수집 등) ① 국가정보원장은 테러위험인물에 대하여 출입국·금융거래 및 통신이용 등 관련 정보를 수집할 수 있다. 이 경우 출입국·금융거래 및 통신이용 등 관련 정보의 수집에 있어서는 「출입국관리법」, 「관세법」, 「특정 금융거래정보의 보고 및 이용 등에 관한 법률」, 「통신비밀보호법」 의 절차에 따른다.
② 국가정보원장은 제1항에 따른 정보 수집 및 분석의 결과 테러에 이용되었거나 이용될 가능성이 있는 금융거래에 대하여 지급정지 등의 조치를 취하도록 금융위원회 위원장에게 요청할 수 있다.
③ 국가정보원장은 테러위험인물에 대한 개인정보(「개인정보 보호법」상 민감정보를 포함한다)와 위치정보를 「개인정보 보호법」 제2조의 개인정보처리자와 「위치정보의 보호 및 이용 등에 관한 법률」 제5조 제7항에 따른 개인위치정보사업자 및 같은 법 제5조의2제3항에 따른 사물위치정보사업자에게 요구할 수 있다. 〈개정 2018. 4. 17.〉
④ 국가정보원장은 대테러활동에 필요한 정보나 자료를 수집하기 위하여 대테러조사 및 테러위험인물에 대한 추적을 할 수 있다. 이 경우 사전 또는 사후에 대책위원회 위원장에게 보고하여야 한다.

제10조(테러예방을 위한 안전관리대책의 수립) ① 관계기관의 장은 대통령령으로 정하는 국가중요시설과 많은 사람이 이용하는 시설 및 장비(이하

"테러대상시설"이라 한다)에 대한 테러예방대책과 테러의 수단으로 이용될 수 있는 폭발물·총기류·화생방물질(이하 "테러이용수단"이라 한다), 국가중요행사에 대한 안전관리대책을 수립하여야 한다.

② 제1항에 따른 안전관리대책의 수립·시행에 필요한 사항은 대통령령으로 정한다.

제11조(테러취약요인 사전제거) ① 테러대상시설 및 테러이용수단의 소유자 또는 관리자는 보안장비를 설치하는 등 테러취약요인제거를 위하여 노력하여야 한다.

② 국가는 제1항의 테러대상시설 및 테러이용수단의 소유자 또는 관리자에게 필요한 경우 그 비용의 전부 또는 일부를 지원할 수 있다.

③ 제2항에 따른 비용의 지원 대상·기준·방법 및 절차 등에 필요한 사항은 대통령령으로 정한다.

제12조(테러선동·선전물 긴급 삭제 등 요청) ① 관계기관의 장은 테러를 선동·선전하는 글 또는 그림, 상징적 표현물, 테러에 이용될 수 있는 폭발물 등 위험물제조법 등이 인터넷이나 방송·신문, 게시판 등을 통해 유포될 경우 해당 기관의 장에게 긴급 삭제 또는 중단, 감독 등의 협조를 요청할 수 있다.

② 제1항의 협조를 요청받은 해당 기관의 장은 필요한 조치를 취하고 그 결과를 관계기관의 장에게 통보하여야 한다.

제13조(외국인테러전투원에 대한 규제) ① 관계기관의 장은 외국인테러전투원으로 출국하려 한다고 의심할 만한 상당한 이유가 있는 내국인·외국인에 대하여 일시 출국금지를 법무부장관에게 요청할 수 있다.

② 제1항에 따른 일시 출국금지 기간은 90일로 한다. 다만, 출국금지를 계속할 필요가 있다고 판단할 상당한 이유가 있는 경우에 관계기관의 장은 그 사유를 명시하여 연장을 요청할 수 있다.

③ 관계기관의 장은 외국인테러전투원으로 가담한 사람에 대하여 「여권법」 제13조에 따른 여권의 효력정지 및 같은 법 제12조 제3항에 따른 재발급 거부를 외교부장관에게 요청할 수 있다.

제14조(신고자 보호 및 포상금) ① 국가는 「특정범죄신고자 등 보호법」에 따라 테러에 관한 신고자, 범인검거를 위하여 제보하거나 검거활동을 한 사람 또는 그 친족 등을 보호하여야 한다.

② 관계기관의 장은 테러의 계획 또는 실행에 관한 사실을 관계기관에 신고하여 테러를 사전에 예방할 수 있게 하였거나, 테러에 가담 또는 지원한 사람을 신고하거나 체포한 사람에 대하여 대통령령으로 정하는 바에 따라 포상금을 지급할 수 있다.

제15조(테러피해의 지원) ① 테러로 인하여 신체 또는 재산의 피해를 입은 국민은 관계기관에 즉시 신고하여야 한다. 다만, 인질 등 부득이한 사유로 신고할 수 없을 때에는 법률관계 또는 계약관계에 의하여 보호의무가 있는 사람이 이를 알게 된 때에 즉시 신고하여야 한다.

② 국가 또는 지방자치단체는 제1항의 피해를 입은 사람에 대하여 대통령령으로 정하는 바에 따라 치료 및 복구에 필요한 비용의 전부 또는 일부를 지원할 수 있다. 다만, 「여권법」 제17조 제1항 단서에 따른 외교부장관의 허가를 받지 아니하고 방문 및 체류가 금지된 국가 또는 지역을 방문·체류한 사람에 대해서는 그러하지 아니하다.

③ 제2항에 따른 비용의 지원 기준·절차·금액 및 방법 등에 관하여 필요한 사항은 대통령령으로 정한다.

제16조(특별위로금) ① 테러로 인하여 생명의 피해를 입은 사람의 유족 또는 신체상의 장애 및 장기치료를 요하는 피해를 입은 사람에 대해서는 그 피해의 정도에 따라 등급을 정하여 특별위로금을 지급할 수 있다. 다만, 「여권법」 제17조 제1항 단서에 따른 외교부장관의 허가를 받지 아니하고 방문 및 체류가 금지된 국가 또는 지역을 방문·체류한 사람에 대해서는 그러하지 아니하다.

② 제1항에 따른 특별위로금의 지급 기준·절차·금액 및 방법 등에 관하여 필요한 사항은 대통령령으로 정한다.

제17조(테러단체 구성죄 등) ① 테러단체를 구성하거나 구성원으로 가입한 사람은 다음 각 호의 구분에 따라 처벌한다.

1. 수괴(首魁)는 사형 · 무기 또는 10년 이상의 징역
2. 테러를 기획 또는 지휘하는 등 중요한 역할을 맡은 사람은 무기 또는 7년 이상의 징역
3. 타국의 외국인테러전투원으로 가입한 사람은 5년 이상의 징역
4. 그 밖의 사람은 3년 이상의 징역

② 테러자금임을 알면서도 자금을 조달 · 알선 · 보관하거나 그 취득 및 발생원인에 관한 사실을 가장하는 등 테러단체를 지원한 사람은 10년 이하의 징역 또는 1억원 이하의 벌금에 처한다.

③ 테러단체 가입을 지원하거나 타인에게 가입을 권유 또는 선동한 사람은 5년 이하의 징역에 처한다.

④ 제1항 및 제2항의 미수범은 처벌한다.

⑤ 제1항 및 제2항에서 정한 죄를 범할 목적으로 예비 또는 음모한 사람은 3년 이하의 징역에 처한다.

⑥ 「형법」 등 국내법에 죄로 규정된 행위가 제2조의 테러에 해당하는 경우 해당 법률에서 정한 형에 따라 처벌한다.

제18조(무고, 날조) ① 타인으로 하여금 형사처분을 받게 할 목적으로 제17조의 죄에 대하여 무고 또는 위증을 하거나 증거를 날조 · 인멸 · 은닉한 사람은 「형법」 제152조부터 제157조까지에서 정한 형에 2분의 1을 가중하여 처벌한다.

② 범죄수사 또는 정보의 직무에 종사하는 공무원이나 이를 보조하는 사람 또는 이를 지휘하는 사람이 직권을 남용하여 제1항의 행위를 한 때에도 제1항의 형과 같다. 다만, 그 법정형의 최저가 2년 미만일 때에는 이를 2년으로 한다.

제19조(세계주의) 제17조의 죄는 대한민국 영역 밖에서 범한 외국인에게도 국내법을 적용한다.

부　　칙 〈법률 제15608호, 2018. 4. 17.〉 (위치정보의 보호 및 이용 등에 관한 법률)

제1조(시행일) 이 법은 공포 후 6개월이 경과한 날부터 시행한다.

제2조부터 **제6조**까지 생략

제7조(다른 법률의 개정) ① 생략

② 국민보호와 공공안전을 위한 테러방지법 일부를 다음과 같이 개정한다.
제9조 제3항 중 "「위치정보의 보호 및 이용 등에 관한 법률」 제5조의 위치정보사업자"를 "「위치정보의 보호 및 이용 등에 관한 법률」 제5조 제7항에 따른 개인위치정보사업자 및 같은 법 제5조의2제3항에 따른 사물위치정보사업자"로 한다.

③ 생략

3) 군사안보지원사령부령

[시행 2018. 9. 1.] [대통령령 제29114호, 2018. 8. 21., 제정]

제1조(목적) 이 영은 「국군조직법」 제2조 제3항에 따라 군사보안, 군 방첩(防諜) 및 군에 관한 정보의 수집·처리 등에 관한 업무를 수행하기 위하여 군사안보지원사령부를 설치하고, 그 조직·운영 및 직무 범위에 관한 사항을 규정함을 목적으로 한다.

제2조(설치) 군사안보지원사령부(이하 "사령부"라 한다)는 국방부장관 소속으로 설치한다.

제3조(기본원칙) ① 사령부 소속의 모든 군인 및 군무원 등(이하 "군인등"이라 한다)은 직무를 수행할 때 국민 전체에 대한 봉사자로서 관련 법령 및 정치적 중립을 지켜야 한다.

② 사령부 소속의 모든 군인등은 직무를 수행할 때 다음 각 호의 행위를 해서는 아니 된다.

1. 정당 또는 정치단체에 가입하거나 정치활동에 관여하는 모든 행위
2. 이 영에서 정하는 직무 범위를 벗어나서 하는 민간인에 대한 정보 수집 및 수사, 기관 출입 등의 모든 행위
3. 군인등에 대하여 직무 수행을 이유로 권한을 오용·남용하는 모든 행위
4. 이 영에 따른 권한을 부당하게 확대 해석·적용하거나 헌법상 보장된 국민(군인 및 군무원을 포함한다)의 기본적 인권을 부당하게 침해하는 모든 행위

제4조(직무) ① 사령부는 다음 각 호의 직무를 수행한다.

1. 다음 각 목에 따른 군 보안 업무
   가. 「보안업무규정」 제45조 제1항 단서에 따라 국방부장관에게 위탁되는 군사보안에 관련된 인원의 신원조사

나. 「보안업무규정」 제45조 제2항 단서에 따라 국방부장관에게 위탁되는 군사보안대상의 보안측정 및 보안사고 조사
다. 군 보안대책 및 군 관련 보안대책의 수립·개선 지원
라. 그 밖에 국방부장관이 정하는 군인·군무원, 시설, 문서 및 정보통신 등에 대한 보안 업무

2. 다음 각 목에 따른 군 방첩 업무
가. 「방첩업무 규정」 중 군 관련 방첩업무
나. 군 및 「방위사업법」에 따른 방위산업체 등을 대상으로 한 외국·북한의 정보활동 대응 및 군사기밀 유출 방지
다. 군 방첩대책 및 군 관련 방첩대책의 수립·개선 지원

3. 다음 각 목에 따른 군 관련 정보의 수집·작성 및 처리 업무
가. 국내외의 군사 및 방위산업에 관한 정보
나. 대(對)국가전복, 대테러 및 대간첩 작전에 관한 정보
다. 「방위사업법」에 따른 방위산업체 및 전문연구기관, 「국방과학연구소법」에 따른 국방과학연구소 등 국방부장관의 조정·감독을 받는 기관 및 단체에 관한 정보
라. 군인 및 군무원, 「군인사법」에 따른 장교·부사관 임용예정자 및 「군무원인사법」에 따른 군무원 임용예정자에 관한 불법·비리 정보

4. 「군사법원법」 제44조 제2호에 따른 범죄의 수사에 관한 사항

5. 다음 각 목에 따른 지원 업무
가. 정보작전 방호태세 및 정보전(情報戰) 지원
나. 「정보통신기반 보호법」 제8조에 따라 지정된 주요정보통신 기반시설 중 국방 분야 주요정보통신기반시설의 보호 지원
다. 방위사업청에 대한 방위사업 관련 군사보안 업무 지원
라. 군사보안에 관한 연구·지원

② 제1항 제5호다목에 따른 방위사업 관련 군사보안 업무 지원의 범위 및 절차는 국방부장관이 국가정보원장 또는 방위사업청장과 협의하여 정한다.

③ 제1항 제5호라목에 따른 군사보안에 관한 연구·지원의 범위는 국방부장관이 국가정보원장과 협의하여 정한다.

제5조(직무 수행 시 이의제기 등) 사령부 소속의 모든 군인등은 상관 또는

사령부 소속의 다른 군인등으로부터 제3조 제2항 각 호에 해당하는 행위를 하도록 지시 또는 요구를 받은 경우 국방부장관이 정하는 절차에 따라 이의를 제기할 수 있다. 이 경우 지시 또는 요구가 시정되지 아니하면 그 직무의 집행을 거부할 수 있다.

제6조(조직) ① 사령부에 사령관 1명, 참모장 1명 및 감찰실장 1명을 둔다.

② 사령부에 사령관의 업무를 보좌하기 위하여 참모부서를 두고, 사령관 소속으로 다음 각 호의 부대 및 기관을 둔다.

1. 국방부 본부 및 국방부 직할부대 · 기관의 군사안보지원부대
2. 합동참모본부 및 각 군 본부의 군사안보지원부대
3. 국방부장관이 정하는 부대의 군사안보지원부대. 다만, 지방 행정조직 단위로 별도의 군사안보지원부대를 둘 수 없다.
4. 정보보호부대
5. 군사안보지원학교
6. 방위사업청의 군사안보지원부대
7. 국방보안연구소

③ 제2항에 따른 참모부서, 소속 부대 및 기관의 조직과 업무 분장에 관한 사항은 국방부장관이 정한다.

제7조(사령관 등의 임명) ① 사령관 및 참모장은 장성급(將星級) 장교로 보(補)한다.

② 감찰실장은 2급 이상 군무원, 검사 또는 고위감사공무원으로 보한다.

③ 국방부장관은 감찰실의 업무를 수행하게 하기 위하여 법무부장관 또는 감사원장에게 공무원의 파견을 요청할 수 있다.

제8조(사령관 등의 임무) ① 사령관은 국방부장관의 명을 받아 사령부의 업무를 총괄하고, 소속 부대 및 기관을 지휘 · 감독한다.

② 참모장은 사령관을 보좌하고, 참모 업무를 조정 · 통제하며, 사령관이 부득이한 사유로 직무를 수행할 수 없을 때에는 그 직무를 대행한다.

③ 감찰실장은 사령부 소속 군인등에 대한 다음 각 호의 업무를 분장한다.

1. 감사 · 검열 및 직무감찰

2. 비위사항의 조사 · 처리
3. 민원 및 진정사건의 처리

④ 사령부 소속 부대장 및 기관장은 사령관의 명을 받아 소관 업무를 처리하며, 소속 부대원 및 기관원을 지휘 · 감독한다.

제9조(정원) ① 사령부에 두는 군인과 군무원의 정원은 국방부장관이 정한다.

② 사령부에 두는 군인의 비율은 제1항에 따른 정원의 10분의 7을 초과해서는 아니 된다. 다만, 비율을 산정할 때 병(兵)의 정원은 제외한다.

제10조(무기 휴대 및 사용) ① 사령관은 소속 부대원 및 기관원에게 직무 수행을 할 때 필요한 무기를 휴대하게 할 수 있다.

② 제1항에 따라 무기를 휴대하는 사람의 무기 사용에 대해서는 「헌병무기사용령」 제3조부터 제5조까지의 규정을 준용한다. 이 경우 "헌병"은 "소속 부대원 및 기관원"으로, "헌병사령관"은 "사령관"으로 본다.

제11조(위장 명칭의 사용 금지) 제6조에 따른 사령부 소속 부대 및 기관은 위장 명칭을 사용할 수 없다.

부　　칙 〈대통령령 제29114호, 2018. 8. 21.〉

제1조(시행일) 이 영은 2018년 9월 1일부터 시행한다.

제2조(군인의 비율에 관한 특례) 국방부장관은 제9조 제2항에도 불구하고 2020년 8월 31일까지 사령부에 두는 군인의 비율을 단계적으로 줄여야 하며, 2020년 9월 1일부터 사령부에 두는 군인의 비율이 10분의 7을 초과하지 아니하도록 하여야 한다.

제3조(다른 법령의 개정) ① 국민보호와 공공안전을 위한 테러방지법 시행령 일부를 다음과 같이 개정한다.

제12조 제2항 제3호 중 "기무부대"를 "군사안보지원부대"로 한다.
제13조 제2항 제1호 중 "국군기무사령부"를 "군사안보지원사령부"로 한다.

② 국방개혁에 관한 법률 시행령 일부를 다음과 같이 개정한다.
제19조 제1항 제3호를 다음과 같이 한다.
3. 군사안보지원사령관

③ 군사기밀 보호법 시행령 일부를 다음과 같이 개정한다.
제4조 제1항 제5호 중 "국군기무사령관"을 "군사안보지원사령관"으로 한다.
별표 1제3호바목 및 사목 중 "기무부대"를 각각 "군사안보지원부대"로 한다.

④ 군인사법 시행령 일부를 다음과 같이 개정한다.
제13조 제1항 제2호가목 중 "국군기무사령관"을 "군사안보지원사령관"으로 한다.
별표 1 직위란 중 "국군기무사령관"을 "군사안보지원사령관"으로, "국군기무사령부"를 각각 "군사안보지원사령부"로 한다.

⑤ 대외무역법 시행령 일부를 다음과 같이 개정한다.
제47조 제5항 제5호를 다음과 같이 한다.
5. 군사안보지원사령부

⑥ 방위산업기술 보호법 시행령 일부를 다음과 같이 개정한다.
제5조 제2항 제5호를 다음과 같이 한다.
5. 군사안보지원사령부

⑦ 방첩업무 규정 일부를 다음과 같이 개정한다.
제2조 제3호라목을 다음과 같이 한다
라. 군사안보지원사령부
제10조 제3항 제3호를 다음과 같이 한다.
3. 국방정보본부장 및 군사안보지원사령관

⑧ 북한이탈주민의 보호 및 정착지원에 관한 법률 시행령 일부를 다음과 같이 개정한다.
제2조 제1호 중 "국군기무사령부"를 "군사안보지원사령부"로 한다.

⑨ 통합방위법 시행령 일부를 다음과 같이 개정한다.
제8조 제1항 제2호 중 "국군 기무부대"를 "군사안보지원부대"로 한다.

제4조(다른 법령과의 관계) 이 법 시행 당시 다른 법령에서 "기무부대"를 인용하는 경우에는 "군사안보지원부대"를 인용한 것으로 본다.

4) 통합방위법 [시행 2017. 7. 26.] [법률 제14839호, 2017. 7. 26., 타법개정]

제1장 총칙 〈신설 2009. 5. 21.〉

제1조(목적) 이 법은 적(敵)의 침투·도발이나 그 위협에 대응하기 위하여 국가 총력전(總力戰)의 개념을 바탕으로 국가방위요소를 통합·운용하기 위한 통합방위 대책을 수립·시행하기 위하여 필요한 사항을 규정함을 목적으로 한다.

[전문개정 2009. 5. 21.]

제2조(정의) 이 법에서 사용하는 용어의 뜻은 다음과 같다. 〈개정 2014. 11. 19., 2016. 5. 29., 2017. 7. 26.〉

1. "통합방위"란 적의 침투·도발이나 그 위협에 대응하기 위하여 각종 국가방위요소를 통합하고 지휘체계를 일원화하여 국가를 방위하는 것을 말한다.
2. "국가방위요소"란 통합방위작전의 수행에 필요한 다음 각 목의 방위전력(防衛戰力) 또는 그 지원 요소를 말한다.
   가. 「국군조직법」 제2조에 따른 국군
   나. 경찰청·해양경찰청 및 그 소속 기관과 「제주특별자치도 설치 및 국제자유도시 조성을 위한 특별법」에 따른 자치경찰기구
   다. 국가기관 및 지방자치단체(가목과 나목의 경우는 제외한다)
   라. 「예비군법」 제1조에 따른 예비군
   마. 「민방위기본법」 제17조에 따른 민방위대
   바. 제6조에 따라 통합방위협의회를 두는 직장
3. "통합방위사태"란 적의 침투·도발이나 그 위협에 대응하여 제6호부터 제8호까지의 구분에 따라 선포하는 단계별 사태를 말한다.
4. "통합방위작전"이란 통합방위사태가 선포된 지역에서 제15조에 따라 통

합방위본부장, 지역군사령관, 함대사령관 또는 지방경찰청장(이하 "작전 지휘관"이라 한다)이 국가방위요소를 통합하여 지휘·통제하는 방위작전을 말한다.

5. "지역군사령관"이란 통합방위작전 관할구역에 있는 군부대의 여단장급(旅團長級) 이상 지휘관 중에서 통합방위본부장이 정하는 사람을 말한다.
6. "갑종사태"란 일정한 조직체계를 갖춘 적의 대규모 병력 침투 또는 대량살상무기(大量殺傷武器) 공격 등의 도발로 발생한 비상사태로서 통합방위본부장 또는 지역군사령관의 지휘·통제 하에 통합방위작전을 수행하여야 할 사태를 말한다.
7. "을종사태"란 일부 또는 여러 지역에서 적이 침투·도발하여 단기간 내에 치안이 회복되기 어려워 지역군사령관의 지휘·통제 하에 통합방위작전을 수행하여야 할 사태를 말한다.
8. "병종사태"란 적의 침투·도발 위협이 예상되거나 소규모의 적이 침투하였을 때에 지방경찰청장, 지역군사령관 또는 함대사령관의 지휘·통제 하에 통합방위작전을 수행하여 단기간 내에 치안이 회복될 수 있는 사태를 말한다.
9. "침투"란 적이 특정 임무를 수행하기 위하여 대한민국 영역을 침범한 상태를 말한다.
10. "도발"이란 적이 특정 임무를 수행하기 위하여 대한민국 국민 또는 영역에 위해(危害)를 가하는 모든 행위를 말한다.
11. "위협"이란 대한민국을 침투·도발할 것으로 예상되는 적의 침투·도발 능력과 기도(企圖)가 드러난 상태를 말한다.
12. "방호"란 적의 각종 도발과 위협으로부터 인원·시설 및 장비의 피해를 방지하고 모든 기능을 정상적으로 유지할 수 있도록 보호하는 작전 활동을 말한다.
13. "국가중요시설"이란 공공기관, 공항·항만, 주요 산업시설 등 적에 의하여 점령 또는 파괴되거나 기능이 마비될 경우 국가안보와 국민생활에 심각한 영향을 주게 되는 시설을 말한다.

[전문개정 2009. 5. 21.]

제3조(통합방위태세의 확립 등) ① 정부는 국가방위요소의 육성 및 통합방위

태세의 확립을 위하여 필요한 시책을 마련하여야 한다.

② 각 지방자치단체의 장은 관할구역별 통합방위태세의 확립에 필요한 시책을 마련하여야 한다.

③ 각급 행정기관 및 군부대의 장은 통합방위작전을 원활하게 수행하기 위하여 서로 지원하고 협조하여야 한다.

④ 정부는 통합방위사태의 선포에 따른 국가방위요소의 동원 비용을 대통령령으로 정하는 바에 따라 예산의 범위에서 해당 지방자치단체에 지원할 수 있다.

[전문개정 2009. 5. 21.]

제2장 통합방위기구 운용 〈신설 2009. 5. 21.〉

제4조(중앙 통합방위협의회) ① 국무총리 소속으로 중앙 통합방위협의회(이하 "중앙협의회"라 한다)를 둔다.

② 중앙협의회의 의장은 국무총리가 되고, 위원은 기획재정부장관, 교육부장관, 과학기술정보통신부장관, 외교부장관, 통일부장관, 법무부장관, 국방부장관, 행정안전부장관, 문화체육관광부장관, 농림축산식품부장관, 산업통상자원부장관, 보건복지부장관, 환경부장관, 고용노동부장관, 여성가족부장관, 국토교통부장관, 해양수산부장관, 중소벤처기업부장관, 국무조정실장, 국가보훈처장, 법제처장, 식품의약품안전처장, 국가정보원장 및 통합방위본부장과 그 밖에 대통령령으로 정하는 사람이 된다. 〈개정 2010. 1. 18., 2010. 6. 4., 2013. 3. 23., 2014. 11. 19., 2017. 7. 26.〉

③ 중앙협의회에 간사 1명을 두고, 간사는 통합방위본부의 부본부장이 된다.

④ 중앙협의회는 다음 각 호의 사항을 심의한다.

1. 통합방위 정책
2. 통합방위작전·훈련 및 지침
3. 통합방위사태의 선포 또는 해제
4. 그 밖에 통합방위에 관하여 대통령령으로 정하는 사항

⑤ 중앙협의회의 운영 등에 필요한 사항은 대통령령으로 정한다.

[전문개정 2009. 5. 21.]

제5조(지역 통합방위협의회) ① 특별시장 · 광역시장 · 특별자치시장 · 도지사 · 특별자치도지사(이하 "시 · 도지사"라 한다) 소속으로 특별시 · 광역시 · 특별자치시 · 도 · 특별자치도 통합방위협의회(이하 "시 · 도 협의회"라 한다)를 두고, 그 의장은 시 · 도지사가 된다. 〈개정 2013. 3. 22.〉

② 시장 · 군수 · 구청장(자치구의 구청장을 말한다. 이하 같다) 소속으로 시 · 군 · 구 통합방위협의회를 두고, 그 의장은 시장 · 군수 · 구청장이 된다.

③ 시 · 도 협의회와 시 · 군 · 구 통합방위협의회(이하 "지역협의회"라 한다)는 다음 각 호의 사항을 심의한다. 다만, 제1호 및 제3호의 사항은 시 · 도 협의회에 한한다.

1. 적이 침투하거나 숨어서 활동하기 쉬운 지역(이하 "취약지역"이라 한다)의 선정 또는 해제
2. 통합방위 대비책
3. 을종사태 및 병종사태의 선포 또는 해제
4. 통합방위작전 · 훈련의 지원 대책
5. 국가방위요소의 효율적 육성 · 운용 및 지원 대책

④ 지역협의회의 구성 및 운영 등에 필요한 사항은 대통령령으로 정하는 기준에 따라 조례로 정한다.

[전문개정 2009. 5. 21.]

제6조(직장 통합방위협의회) ① 직장에는 직장 통합방위협의회(이하 "직장협의회"라 한다)를 두고, 그 의장은 직장의 장이 된다.

② 직장협의회를 두어야 하는 직장의 범위와 직장협의회의 운영 등에 필요한 사항은 대통령령으로 정한다.

[전문개정 2009. 5. 21.]

제7조(협의회의 통합·운영) 중앙협의회, 지역협의회 및 직장협의회는 대통령령으로 정하는 기준에 따라 각각 다음 각 호의 기구와 통합 · 운영할 수 있다. 〈개정 2016. 5. 29.〉

1. 「예비군법」 제14조의3제2항에 따른 방위협의회
2. 「민방위기본법」 제6조 또는 제7조에 따른 중앙민방위협의회 또는 지역민방위협의회

[전문개정 2009. 5. 21.]

제8조(통합방위본부) ① 합동참모본부에 통합방위본부를 둔다.
② 통합방위본부에는 본부장과 부본부장 1명씩을 두되, 통합방위본부장은 합동참모의장이 되고 부본부장은 합동참모본부 합동작전본부장이 된다.
③ 통합방위본부는 다음 각 호의 사무를 분장한다.
1. 통합방위 정책의 수립 · 조정
2. 통합방위 대비태세의 확인 · 감독
3. 통합방위작전 상황의 종합 분석 및 대비책의 수립
4. 통합방위작전, 훈련지침 및 계획의 수립과 그 시행의 조정 · 통제
5. 통합방위 관계기관 간의 업무 협조 및 사업 집행사항의 협의 · 조정
④ 통합방위본부에 통합방위에 관한 정부 내 업무 협조와 그 밖에 통합방위 업무의 원활한 수행을 위하여 통합방위 실무위원회(이하 "실무위원회"라 한다)를 둔다.
⑤ 실무위원회의 구성 및 운영 등에 필요한 사항은 대통령령으로 정한다.
[전문개정 2009. 5. 21.]

제9조(통합방위 지원본부) ① 시 · 도지사 소속으로 시 · 도 통합방위 지원본부를 두고, 시장 · 군수 · 구청장 · 읍장 · 면장 · 동장 소속으로 시 · 군 · 구 · 읍 · 면 · 동 통합방위 지원본부를 둔다.
② 시 · 도 통합방위 지원본부와 시 · 군 · 구 · 읍 · 면 · 동 통합방위 지원본부(이하 "각 통합방위 지원본부"라 한다)는 관할지역별로 다음 각 호의 사무를 분장한다.
1. 통합방위작전 및 훈련에 대한 지원계획의 수립 · 시행
2. 통합방위 종합상황실의 설치 · 운영
3. 국가방위요소의 육성 · 지원
4. 통합방위 취약지역을 대상으로 한 주민신고 체제의 확립
5. 그 밖에 대통령령 또는 조례로 정하는 사항
③ 각 통합방위 지원본부의 조직과 운영에 필요한 사항은 대통령령으로 정하는 기준에 따라 조례로 정한다.
[전문개정 2009. 5. 21.]

제10조(합동보도본부 등) ① 작전지휘관은 대통령령으로 정하는 바에 따라

언론기관의 취재 활동을 지원하여야 한다.

② 작전지휘관은 통합방위 진행 상황 및 대국민 협조사항 등을 알리기 위하여 필요하면 합동보도본부를 설치 · 운영할 수 있다.

③ 통합방위작전을 수행할 때에 병력 또는 장비의 이동 · 배치 · 성능이나 작전계획에 관련된 사항은 공개하지 아니한다. 다만, 통합방위작전의 수행에 지장을 주지 아니하는 범위에서 국민이나 지역 주민에게 알릴 필요가 있는 사항은 그러하지 아니하다.

[전문개정 2009. 5. 21.]

제3장 경계태세 및 통합방위사태 〈신설 2009. 5. 21.〉

제11조(경계태세) ① 대통령령으로 정하는 군부대의 장 및 경찰관서의 장(이하 이 조에서 “발령권자”라 한다)은 적의 침투 · 도발이나 그 위협이 예상될 경우 통합방위작전을 준비하기 위하여 경계태세를 발령할 수 있다.

② 제1항에 따라 경계태세가 발령된 때에는 해당 지역의 국가방위요소는 적의 침투 · 도발이나 그 위협에 대응하기 위하여 필요한 지휘 · 협조체계를 구축하여야 한다.

③ 발령권자는 경계태세 상황이 종료되거나 상급 지휘관의 지시가 있는 경우 경계태세를 해제하여야 하고, 제12조에 따라 통합방위사태가 선포된 때에는 경계태세는 해제된 것으로 본다.

④ 경계태세의 종류, 발령 · 해제 절차 및 경계태세 발령 시 국가방위요소 간 지휘 · 협조체계 구축 등에 필요한 사항은 대통령령으로 정한다.

[본조신설 2009. 5. 21.]

[종전 제11조는 제13조로 이동 〈2009. 5. 21.〉]

제12조(통합방위사태의 선포) ① 통합방위사태는 갑종사태, 을종사태 또는 병종사태로 구분하여 선포한다.

② 제1항의 사태에 해당하는 상황이 발생하면 다음 각 호의 구분에 따라 해당하는 사람은 즉시 국무총리를 거쳐 대통령에게 통합방위사태의 선포를 건의하여야 한다. 〈개정 2013. 3. 22., 2013. 3. 23., 2014. 11. 19., 2017. 7. 26.〉

1. 갑종사태에 해당하는 상황이 발생하였을 때 또는 둘 이상의 특별시 · 광역시 · 특별자치시 · 도 · 특별자치도(이하 "시 · 도"라 한다)에 걸쳐 을종사태에 해당하는 상황이 발생하였을 때: 국방부장관
2. 둘 이상의 시 · 도에 걸쳐 병종사태에 해당하는 상황이 발생하였을 때: 행정안전부장관 또는 국방부장관

③ 대통령은 제2항에 따른 건의를 받았을 때에는 중앙협의회와 국무회의의 심의를 거쳐 통합방위사태를 선포할 수 있다.

④ 지방경찰청장, 지역군사령관 또는 함대사령관은 을종사태나 병종사태에 해당하는 상황이 발생한 때에는 즉시 시 · 도지사에게 통합방위사태의 선포를 건의하여야 한다. 〈개정 2013. 3. 22.〉

⑤ 시 · 도지사는 제4항에 따른 건의를 받은 때에는 시 · 도 협의회의 심의를 거쳐 을종사태 또는 병종사태를 선포할 수 있다.

⑥ 시 · 도지사는 제5항에 따라 을종사태 또는 병종사태를 선포한 때에는 지체 없이 행정안전부장관 및 국방부장관과 국무총리를 거쳐 대통령에게 그 사실을 보고하여야 한다. 〈개정 2013. 3. 23., 2014. 11. 19., 2017. 7. 26.〉

⑦ 제3항이나 제5항에 따라 통합방위사태를 선포할 때에는 그 이유, 종류, 선포 일시, 구역 및 작전지휘관에 관한 사항을 공고하여야 한다.

⑧ 시 · 도지사가 통합방위사태를 선포한 지역에 대하여 대통령이 통합방위사태를 선포한 때에는 그 때부터 시 · 도지사가 선포한 통합방위사태는 효력을 상실한다.

⑨ 제1항부터 제8항까지에서 규정한 사항 외에 통합방위사태의 구체적인 선포 요건 · 절차 및 공고 방법 등에 관하여 필요한 사항은 대통령령으로 정한다.

[전문개정 2009. 5. 21.]

제13조(국회 또는 시·도의회에 대한 통고 등) ① 대통령은 통합방위사태를 선포한 때에는 지체 없이 그 사실을 국회에 통고하여야 한다.

② 시 · 도지사는 통합방위사태를 선포한 때에는 지체 없이 그 사실을 시 · 도의회에 통고하여야 한다.

③ 대통령 또는 시 · 도지사는 제1항이나 제2항에 따른 통고를 할 때에 국회 또는 시 · 도의회가 폐회 중이면 그 소집을 요구하여야 한다.

[전문개정 2009. 5. 21.]

제14조(통합방위사태의 해제) ① 대통령은 통합방위사태가 평상 상태로 회복되거나 국회가 해제를 요구하면 지체 없이 그 통합방위사태를 해제하고 그 사실을 공고하여야 한다.

② 대통령은 제1항에 따라 통합방위사태를 해제하려면 중앙협의회와 국무회의의 심의를 거쳐야 한다. 다만, 국회가 해제를 요구한 경우에는 그러하지 아니한다.

③ 국방부장관 또는 행정안전부장관은 통합방위사태가 평상 상태로 회복된 때에는 국무총리를 거쳐 대통령에게 통합방위사태의 해제를 건의하여야 한다. 〈개정 2013. 3. 23., 2014. 11. 19., 2017. 7. 26.〉

④ 시·도지사는 통합방위사태가 평상 상태로 회복되거나 시·도의회에서 해제를 요구하면 지체 없이 통합방위사태를 해제하고 그 사실을 공고하여야 한다. 이 경우 시·도지사는 그 통합방위사태의 해제사실을 행정안전부장관 및 국방부장관과 국무총리를 거쳐 대통령에게 보고하여야 한다. 〈개정 2013. 3. 23., 2014. 11. 19., 2017. 7. 26.〉

⑤ 시·도지사는 제4항 전단에 따라 통합방위사태를 해제하려면 시·도 협의회의 심의를 거쳐야 한다. 다만, 시·도의회가 해제를 요구하였을 때에는 그러하지 아니한다.

⑥ 지방경찰청장, 지역군사령관 또는 함대사령관은 통합방위사태가 평상 상태로 회복된 때에는 시·도지사에게 통합방위사태의 해제를 건의하여야 한다. 〈개정 2013. 3. 22.〉

[전문개정 2009. 5. 21.]

제4장 통합방위작전 및 훈련 〈신설 2009. 5. 21.〉

제15조(통합방위작전) ① 통합방위작전의 관할구역은 다음 각 호와 같이 구분한다.

1. 지상 관할구역: 특정경비지역, 군관할지역 및 경찰관할지역
2. 해상 관할구역: 특정경비해역 및 일반경비해역
3. 공중 관할구역: 비행금지공역(空域) 및 일반공역

② 지방경찰청장, 지역군사령관 또는 함대사령관은 통합방위사태가 선포된 때

에는 즉시 다음 각 호의 구분에 따라 통합방위작전(공군작전사령관의 경우에는 통합방위 지원작전)을 신속하게 수행하여야 한다. 다만, 을종사태가 선포된 경우에는 지역군사령관이 통합방위작전을 수행하고, 갑종사태가 선포된 경우에는 통합방위본부장 또는 지역군사령관이 통합방위작전을 수행한다.

1. 경찰관할지역: 지방경찰청장
2. 특정경비지역 및 군관할지역: 지역군사령관
3. 특정경비해역 및 일반경비해역: 함대사령관
4. 비행금지공역 및 일반공역: 공군작전사령관

③ 통합방위사태가 선포된 때에는 해당 지역의 모든 국가방위요소는 대통령령으로 정하는 바에 따라 통합방위작전을 효율적으로 수행하기 위하여 필요한 지휘·협조체계를 구축하여야 한다.

④ 제1항부터 제3항까지에서 규정한 사항 외에 통합방위작전 관할구역의 세부 범위 및 통합방위작전의 시행 등에 필요한 사항은 실무위원회의 심의를 거쳐 통합방위본부장이 정한다.

⑤ 통합방위작전의 임무를 수행하는 사람은 그 작전지역에서 대통령령으로 정하는 바에 따라 임무 수행에 필요한 검문을 할 수 있다.

[전문개정 2009. 5. 21.]

제16조(통제구역 등) ① 시·도지사 또는 시장·군수·구청장은 다음 각 호의 어느 하나에 해당하면 대통령령으로 정하는 바에 따라 인명·신체에 대한 위해를 방지하기 위하여 필요한 통제구역을 설정하고, 통합방위작전 또는 경계태세 발령에 따른 군·경 합동작전에 관련되지 아니한 사람에 대하여는 출입을 금지·제한하거나 그 통제구역으로부터 퇴거할 것을 명할 수 있다. 〈개정 2013. 3. 22.〉

1. 통합방위사태가 선포된 경우
2. 적의 침투·도발 징후가 확실하여 경계태세 1급이 발령된 경우

② 제1항에 따른 통제구역의 설정 기준·절차 및 공고 방법 등에 관하여 필요한 사항은 대통령령으로 정한다.

[전문개정 2009. 5. 21.]

제17조(대피명령) ① 시 · 도지사 또는 시장 · 군수 · 구청장은 통합방위사태가 선포된 때에는 인명 · 신체에 대한 위해를 방지하기 위하여 즉시 작전지역에 있는 주민이나 체류 중인 사람에게 대피할 것을 명할 수 있다.
② 제1항에 따른 대피명령(이하 "대피명령"이라 한다)은 방송 · 확성기 · 벽보, 그 밖에 대통령령으로 정하는 방법에 따라 공고하여야 한다.
③ 안전대피방법과 대피명령의 실시방법 · 절차 등에 관하여 필요한 사항은 대통령령으로 정한다.
[전문개정 2009. 5. 21.]

제18조(검문소의 운용) ① 지방경찰청장, 지방해양경찰청장(대통령령으로 정하는 해양경찰서장을 포함한다. 이하 같다), 지역군사령관 및 함대사령관은 관할구역 중에서 적의 침투가 예상되는 곳 등에 검문소를 설치 · 운용할 수 있다. 다만, 지방해양경찰청장이 검문소를 설치하는 경우에는 미리 관할 함대사령관과 협의하여야 한다. 〈개정 2014. 11. 19., 2017. 7. 26.〉
② 검문소의 지휘 · 통신체계 및 운용 등에 필요한 사항은 대통령령으로 정한다.
[전문개정 2009. 5. 21.]

제19조(신고) 적의 침투 또는 출현이나 그러한 흔적을 발견한 사람은 누구든지 그 사실을 지체 없이 군부대 또는 행정기관에 신고하여야 한다.
[전문개정 2009. 5. 21.]

제20조(통합방위훈련) 통합방위본부장은 효율적인 통합방위작전 수행 및 지원에 대한 절차를 숙달하기 위하여 대통령이 정하는 바에 따라 국가방위요소가 참여하는 통합방위훈련을 실시한다.
[본조신설 2009. 5. 21.]

제5장 국가중요시설 및 취약지역 관리 〈신설 2009. 5. 21.〉

제21조(국가중요시설의 경비·보안 및 방호) ① 국가중요시설의 관리자(소유자를 포함한다. 이하 같다)는 경비 · 보안 및 방호책임을 지며, 통합방위사

태에 대비하여 자체방호계획을 수립하여야 한다. 이 경우 국가중요시설의 관리자는 자체방호계획을 수립하기 위하여 필요하면 지방경찰청장 또는 지역군사령관에게 협조를 요청할 수 있다.

② 지방경찰청장 또는 지역군사령관은 통합방위사태에 대비하여 국가중요시설에 대한 방호지원계획을 수립·시행하여야 한다.

③ 국가중요시설의 평시 경비·보안활동에 대한 지도·감독은 관계 행정기관의 장과 국가정보원장이 수행한다.

④ 국가중요시설은 국방부장관이 관계 행정기관의 장 및 국가정보원장과 협의하여 지정한다.

⑤ 국가중요시설의 자체방호, 방호지원계획, 그 밖에 필요한 사항은 대통령령으로 정한다.

[전문개정 2009. 5. 21.]

제22조(취약지역의 선정 및 관리 등) ① 시·도지사는 다음 각 호의 어느 하나에 해당하는 지역을 대통령령으로 정하는 바에 따라 연 1회 분석하여 시·도 협의회의 심의를 거쳐 취약지역으로 선정하거나 선정된 취약지역을 해제할 수 있다. 이 경우 선정하거나 해제한 결과를 통합방위본부장에게 통보하여야 한다.

1. 교통·통신시설이 낙후되어 즉각적인 통합방위작전이 어려운 오지(奧地) 또는 벽지(僻地)
2. 간첩이나 무장공비가 침투한 사실이 있거나 이들이 숨어서 활동하기 쉬운 지역
3. 적이 저공(低空) 침투하거나 저속 항공기가 착륙하기 쉬운 탁 트인 곳 또는 호수
4. 그 밖에 대통령령으로 정하는 지역

② 제1항에도 불구하고 통합방위본부장은 둘 이상의 시·도에 걸쳐 있거나 국가적인 통합방위 대비책이 필요한 지역을 실무위원회의 심의를 거쳐 취약지역으로 선정하거나 선정된 취약지역을 해제할 수 있다. 이 경우 선정하거나 해제한 결과를 관할 시·도지사에게 통보하여야 한다.

③ 시·도지사는 제1항과 제2항에 따라 선정된 취약지역에 장애물을 설치하는 등 취약지역의 통합방위를 위하여 필요한 대비책을 마련하여야 한다.

④ 지역군사령관은 취약지역 중 방호 활동이 필요하다고 인정되는 해안 또는 강안(江岸)에 철책 등 차단시설을 설치하고 대통령령으로 정하는 바에 따라 민간인의 출입을 제한할 수 있다.
⑤ 제3항에 따른 취약지역의 통합방위 대비책에 관하여 필요한 사항은 대통령령으로 정하는 기준에 따라 시·도의 조례로 정한다.
[전문개정 2009. 5. 21.]

제6장 보칙 〈신설 2009. 5. 21.〉

제23조(문책 및 시정요구 등) ① 통합방위본부장은 통합방위 업무를 담당하는 공무원 또는 통합방위작전 및 훈련에 참여한 사람이 그 직무를 게을리하여 국가안전보장이나 통합방위 업무에 중대한 지장을 초래한 경우에는 그 소속 기관 또는 직장의 장에게 해당자의 명단을 통보할 수 있다.
② 제1항에 따른 통보를 받은 소속 기관 또는 직장의 장은 특별한 사유가 없으면 징계 등 적절한 조치를 하여야 하고, 그 결과를 통합방위본부장에게 통보하여야 한다.
③ 통합방위본부장은 국가중요시설에 대한 방호태세 유지를 위하여 필요하면 제21조 제1항 및 제2항에 따라 수립된 국가중요시설의 자체방호계획 및 방호지원계획의 시정을 요구할 수 있다.
[전문개정 2009. 5. 21.]

제7장 벌칙 〈신설 2009. 5. 21.〉

제24조(벌칙) ① 제16조 제1항의 출입 금지·제한 또는 퇴거명령을 위반한 사람은 1년 이하의 징역 또는 1천만원 이하의 벌금에 처한다. 〈개정 2014. 5. 9.〉
② 제17조 제1항의 대피명령을 위반한 사람은 300만원 이하의 벌금에 처한다.
[전문개정 2009. 5. 21.]

부　　칙 〈법률 제14839호, 2017. 7. 26.〉 (정부조직법)

제1조(시행일) ① 이 법은 공포한 날부터 시행한다. 다만, 부칙 제5조에 따라 개정되는 법률 중 이 법 시행 전에 공포되었으나 시행일이 도래하지 아니한 법률을 개정한 부분은 각각 해당 법률의 시행일부터 시행한다.

제2조부터 **제4조**까지 생략

제5조(다른 법률의 개정) ① 부터 ㊻까지 생략

㊼ 통합방위법 일부를 다음과 같이 개정한다.

제2조 제2호나목 중 "국민안전처 · 경찰청"을 "경찰청 · 해양경찰청"으로 한다.

제4조 제2항 중 "미래창조과학부장관, 외교부장관, 통일부장관, 법무부장관, 국방부장관, 행정자치부장관"을 "과학기술정보통신부장관, 외교부장관, 통일부장관, 법무부장관, 국방부장관, 행정안전부장관"으로, "국민안전처장관"을 "중소벤처기업부장관"으로, "법제처장, 국가보훈처장"을 "국가보훈처장, 법제처장"으로 한다.

제12조 제2항 제2호, 같은 조 제6항, 제14조 제3항 및 같은 조 제4항 후단 중 "행정자치부장관"을 각각 "행정안전부장관"으로 한다.

제18조 제1항 본문 중 "지방해양경비안전본부장"을 "지방해양경찰청장(대통령령으로 정하는 해양경찰서장을 포함한다. 이하 같다)"으로 하고, 같은 항 단서 중 "지방해양경비안전본부장"을 "지방해양경찰청장"으로 한다.

㊽부터 〈382〉까지 생략

제6조 생략

Dr. 조성구 교수/ 경호안전학박사

現 경운대학교 사회안전대학 항공보안경호학부, 교수
現 J-INSTITUTE, 대표
現 International Society for Protective Security, President
現 International Society for Crisis & Safety, Editor in Administrator
現 한국치안행정학회, 편집이사
現 한국경호경비학회, 상임이사
前 International Society for Protective Security, Editor in Chief
前 한국정책학회, 재난안전특별위원
前 한국경찰연구학회, 기획이사
前 한국민간경비학회, 홍보이사
前 국가위기관리학회, 기획이사

* 특허등록 "온라인 상에서의 연구논문 투고, 심사, 발간 및 인용지수 산출 방법 및 시스템"10-2016-0045634(2018.4.13)
* Academic Excellence Article Award 「Peaceful Knowledge」 International Journal of Justice & Law(2017.6.30)
* 한국민간경비학회 특별공로상(2015.1.24)
* 전국 산업보안 논문경진대회 「은상」 한국산업보안연구학회(2014.11.11.)
* 한국치안행정학회 공로상(2012.6.15)

□ 2010년

구분	논문 제목	권호	페이지	학술지명	ISSN	발행일
국내전문	정치인 경호제도의 문제점 및 개선방안	22	169-196	한국경호경비학회지	2093-5439	2010. 3

□ 2011년

논문 제목	권호	페이지	학술지명	ISSN	발행일
중국 보안서비스의 발달과 과제	7(4)	319-338	한국치안행정논집	1738-5032	2011.2
대규모 행사장 민간경비운영의 발전방안	13(1)	3-32	한국경찰학회보	1598-6829	2011.2
법원경비관리대의 개선과제에 대한 질적 연구	7(1)	135-160	한국사회안전학회지	2234-019X	2011.5
민간경호원의 여가활동 참여유형 및 여가제약이 삶의 질에 미치는 영향	7(2)	160-170	한국재난정보학회논문집	1976-2208	2011.6
민간조사학과 개설의 필요성과 성장방향에 대한 질적 연구	28	181-205	한국경호경비학회지	2093-5439	2011.9
민간경호원칙 설정의 필요성에 대한 질적 연구	8(3)	161-180	한국치안행정논집	1738-5032	2011.11
민간조사의 수요증가와 퇴직경찰관 활용방안	25	267-288	치안정책연구	17382963	2011.12

□ 2012년

논문 제목	권호	페이지	학술지명	ISSN	발행일
선거후보자 경호경비대책의 발전방안	11(1)	205-232	한국민간 경비학회보	1738-866X	2012.3
민간조사업의 도입에 관한 질적 연구	14(2)	241-268	한국경찰 학회보	1598-6829	2012.4
공경호원의 심리와 경호기법 조사	81)	55-82	한국사회 안전학회지	2234-019X	2012.6
공경호원의 경호대상자 심리상태 인지	31	73-100	한국경호 경비학회지	2093-5439	2012.6
민간경호시장의 문제점에 따른 인력풀제도 도입의 필요성	9(2)	97-119	한국치안 행정논집	1738-5032	2012.8
민간조사업체의 증가 원인과 문제점	11(3)	247-270	한국민간 경비학회보	1738-866X	2012.8
공경호원의 경호기법의 선택유형	8(6)	186-202	Crisisonomy	1738-8368	2012.10
공경호기관 구성원간의 업무능력 차이	11(4)	1-22	한국민간 경비학회보	1738-866X	2012.11
스마트 보안장비와 성범죄 예방 GPS 애플리케이션	33	27-49	한국경호 경비학회지	2093-5439	2012.12

□ 2013년

논문 제목	권호	페이지	학술지명	ISSN	발행일
민간조사업의 도입이 국가치안에 미치는 영향	9(2)	33-48	Crisisonomy	1738-8368	2013. 2
노무현 대통령 서거 : 경호대상자 심리상태 인지의 의미	9(6)	71-86	Crisisonomy	1738-8368	2013. 6
딜레마의 경호 : 경호대상자의 지시와 경호원칙	12(2)	237-260	한국민간 경비학회보	1738-866X	2013. 6
대통령 경호 50년의 한계와 반성	10(1)	166-188	한국치안 행정논집	1738-5032	2013. 6
민간조사제도 도입 지연과 그 방향	16(4)	181-202	한국경찰 학회보	1598-6829	2013. 8
민간조사 교육의 중요성, 현황과 방향	9(8)	67-86	Crisisonomy	1738-8368	2013. 8
국내 민간조사 시장의 전문성 증진 방안	19	416-432	경운대학교 사회과학 연구소	2093-7903	2013. 8
국내 민간조사업체의 주요업무와 범위	10(3)	141-162	한국치안 행정논집	1738-5032	2013. 11
대통령 경호의 심리적 접근과 운용체제	10(3)	141-162	국가위기 관리학회보	2093-2189	2013. 11
경호공무원의 근무환경과 교육에 관한 연구	37	247-268	한국경호 경비학회지	2093-5439	2013. 12

□ 2014년

논문 제목	권호	페이지	학술지명	ISSN	발행일
한국 경호기관의 조직개편과 기법전환	13(1)	269-290	한국민간 경비학회보	1738866X	2014. 2
민간조사업의 주무관청 설정의 방향	10(3)	25-39	Crisisonomy	1738-8368	2014. 3
민간조사제도의 입법화: 경비업법 개정의 실효적 논의	13(1)	169-192	한국경찰 연구	1598-6322	2014. 3
대형 민간경비업체 종사자의 민간조사제도의 이해 수준 연구	13(2)	233-258	한국민간 경비학회보	1738-866X	2014. 5
민간경비업과 민간조사업의 차이점 연구	39	295-317	한국경호 경비학회지	2093-5439	2014. 6
Smart Security, Need for Security Equipment Development	13(3)	443-462	한국민간 경비학회보	1738-866X	2014.8
민간조사제도가 민간경비 산업에 미치는 영향	10(8)	15-27	Crisisonomy	1738-8368	2014. 8
국내 항공승무원의 보안인식과 항공보안요원의 위기대응능력 조사	11(3)	141-162	한국치안 행정논집	1738-5032	2014. 11
산업보안 민간조사원의 직무 모델	4(2)	173-203	한국산업 보안연구	2234-1676	2014. 12
A study on Introduction to Private Investigation System and Direction through predicting demand	10(12)	305-320	Crisisonomy	1738-8368	2014. 12

2015년

논문 제목	권호	페이지	연구자	학술지명	ISSN	발행일
Wearable device in security	9(6)	243-250	조성구	International Journal of Security and its Applications	1738-9976	2015.6
Discussion of the Necessities of Introducing the Private Investigation Business in Korea	2(1)	1-14	조성구	International Journal of Business Policy and Strategy Management	2207-0559	2015.6
항공보안요원의 법제적 지위와 교육훈련	11(4)	141-156	정상헌 조성구 김동제	Crisisonomy	1738-8368	2015.4
미국 에어마샬 제도의 도입 검토	14(2)	53-74	정상헌 김동제 조성구	한국민간 경비학회보	1738-866X	2015.5
「경비업법」 개정을 통한 민간조사 제도 도입의 검토	7(1)	5-26	김동제 조성구 한삼석	입법과 정책	2093-0321	2015.6

□ 2016년

논문 제목	권호	페이지	학술지명	ISSN	발행일
Factors of Job Satisfaction in Members Republic of KOREA National Intelligence Organizations Focusing on POLICE Intelligence Agency	1(1)	10–19	International journal of police and policing	2423–8279	2016.6
The Recognition of KOREANS in Air Terrorism and CRIME Outbreaks in NORTHEAST ASIA	1(1)	14–19	International journal of criminal study	2423–8783	2016.6
CHINA's Economic Growth and the Role of Criminal JUSTICE Agency A Comparison Between Ministry of Public Security of the People's Republic of CHINA and the National Police Agency of KOREA	1(1)	12–17	International journal of justice & law	2423–8767	2016.6
Development and Prospect of Private SECURITY Service in Accordance with the Economic Growth of CHINA: Comparative Study on Republic of KOREA and CHINA	1(1)	8–12	International journal of crisis & safety	2189–7603	2016.6
Human DISASTER the Personnel System of the Security Organization in Republic of KOREA Casinos	1(1)	1–5	International journal of human & disaster	2423–8260	2016.6
A Reserch for JUDO Usability as a Martial Art in the Security Service Organization in Republic of KOREA Concentrating Upon Te–Waza and Koshi–Waza	1(2)	24–31	International journal of sport	2423–8287	2016.12
NORTH KOREA'S CYBER ATTACK Terror Cases and Cyber Capabilities and Current State of Affairs of North Korea's Cyber Terror Force	1(2)	28–37	International journal of military affairs	2423–8775	2016.12
Study on Guard Organization in KOREA and Usability of Judo as Guarding MARTIAL ARTS Based on Ashi–waza and Ura–nage	1(2)	27–37	International journal of martial arts	2423–835X	2016.12
Search of SECURITY Level of National Industrial Complex in Republic of KOREA Focusing on Gumi Area	1(2)	23–29	International journal of protection, security & investigation	2423–8368	2016.12

□ 2017년

논문 제목	권호	페이지	학술지명	ISSN	발행일
Protection Security Organizations of the ROK: A Comparative Study of Presidential Security Service and National Policy Agency	2(1)	18-23	International journal of military affairs	2423-8775	2017.6
한국 민간조사업 주무관청 설정: 경찰청과 법무부 그리고 국가정보원	14(1)	93-114	한국치안 행정논집	1738-5032	2017.6
Korea's Security and Public Order Policy: Why Does KOREA Need a DETECTIVE SYSTEM?	2(2)	6-10	International journal of criminal study	2423-8783	2017.12
Response of KOREAN Private Security against North Korean CYBER TERRORISM	2(2)	11-14	International journal of protection, security & investigation	2423-8368	2017.12
In Times of Crisis: Exploring the Utilization of JUDO Techniques by the KOREAN Youth	2(2)	19-24	International journal of martial arts	2423-835X	2017.12

□ 2018년

논문 제목	권호	페이지	연구자	학술지명	ISSN	발행일
한국의 국가안보와 대테러 전략 -요인암살 사례와 경호활동의 방향-	17(2)	169-196	조성구	한국경찰 연구	1598-6322	2018. 6
The Policies of South KOREA's Counter Intelligence Agency on North Korea's ESPIONAGE Activities in South Korea	3(2)	30-35	조성구	International journal of protection, security & investigation	2423-8368	2018. 12
The United Nation's Response Strategy for North KOREA's DENUCLEARIZATION	3(2)	20-28	조성구	International journal of military affairs	2423-8775	2018. 12
Changes in Security Environment Following Crimes of Leaking the Republic of KOREA's Industrial Technologies and Directions for Introducing DETECTIVE System	3(2)	35-42	조성구	International journal of police and policing	2423-8279	2018. 12

□ 2019년

논문 제목	권호	페이지	학술지명	ISSN	발행일
대통령경호업무 경찰 이관에 대한 비판적 소고	58	177-194	시큐리티 연구	2093-5439	2019.2
The Islamic State's Terrorism and the Safety of Korea and Japan	4(1)	26-36	International journal of protection, security & investigation	2423-8368	2019.6